以学为本

核心素养导向的文言文教学重构

庄月芳 ◎ 著

海峡出版发行集团
福建教育出版社

图书在版编目（CIP）数据

以学为本：核心素养导向的文言文教学重构/庄月芳著. —福州：福建教育出版社，2024.7. —ISBN 978-7-5758-0012-9

Ⅰ.G633.302

中国国家版本馆 CIP 数据核字第 2024US6080 号

Yixue Weiben：Hexin Suyang Daoxiang De Wenyanwen Jiaoxue Chonggou

以学为本：核心素养导向的文言文教学重构

庄月芳　著

出版发行	福建教育出版社
	（福州市梦山路 27 号　邮编：350025　网址：www.fep.com.cn）
	编辑部电话：0591-83779615
	发行部电话：0591-83721876　87115073　010-62024758）
出 版 人	江金辉
印　　刷	福州报业鸿升印刷有限责任公司
	（福州市仓山区建新镇建新北路 151 号　邮编：350082）
开　　本	710 毫米×1000 毫米　1/16
印　　张	10.25
字　　数	157 千字
插　　页	1
版　　次	2024 年 7 月第 1 版　2024 年 7 月第 1 次印刷
书　　号	ISBN 978-7-5758-0012-9
定　　价	29.00 元

如发现本书印装质量问题，请向本社出版科（电话：0591-83726019）调换。

目 录

导论　语文学习的逻辑 …………………………………………… 1

第一章　语文学习情境

第一节　个人体验情境

　　　　——以文言名句体验的试题设计为例 ……………… 7

第二节　社会生活情境

　　　　——以《〈老子〉四章》教学为例 …………………… 17

第三节　学科认知情境

　　　　——以文言文语法知识教学为例 ……………………… 28

小结　语文学习情境的"三位一体" …………………………… 38

第二章　语文学习任务

第一节　言语交际

　　　　——以审美视角下的《答谢中书书》教学为例 ……… 41

第二节　逻辑思维

　　　　——以基于文言材料的辩词写作教学为例 …………… 51

第三节　形象思维

　　　　——以《鸿门宴》语言赏析的片段教学为例 ………… 60

第四节　文化传承
　　——以《爱莲说》和《陋室铭》的多维阅读为例………… 69
小结　语文学习任务的"以一带三" …………………………… 78

第三章　语文学习支架

第一节　内容支架
　　——以古代文论话题的研究与写作教学为例………… 81
第二节　过程支架
　　——以深度学习视域下的文言文作业设计为例………… 94
第三节　策略支架
　　——以《河中石兽》教学中科学思维培养为例 ……… 103
第四节　思维支架
　　——以《鸿门宴》教学中批判性思维培育为例 ……… 112
小结　语文学习支架的"和谐共振" ………………………… 122

第四章　语文学习评价

第一节　教学评价
　　——以初高中文言文"劝谏·劝说"篇教学为例 …… 125
第二节　作业评价
　　——以文言复合文本的能力考查类作业设计为例 …… 134
第三节　表现性评价
　　——以"综合性学习：养天地正气，法古今完人"为例…
　　………………………………………………………… 145
小结　语文学习评价的"大道归一" ………………………… 156

结论　文言文教学突围 …………………………………… 158

导论　语文学习的逻辑

书读百遍其义自见。书非借不能读也。买书不如借书，借书不如抄书。古代的语文学习主要做三件事：读书、背书、抄书。张志公通过系统研究传统语文教育梳理出了启蒙识字、读写基础训练和阅读作文训练三个阶段组成的完整的步骤和方法，其中最重要的就是读书、背书和抄书。[①] 最初的启蒙识字主要通过"描红"来完成，达到一定识字量以后开始读书，边读书边抄书，抄书是阅读和识字的手段，检测读书的方法就是背书。这些流传至今的语文学习方法依然适用于中学文言文学习。《义务教育语文课程标准》（2011年版）就提出了"在使用硬笔熟练地书写正楷字的基础上，学写规范、通行的行楷字，提高书写的速度""诵读古代诗词，阅读浅易文言文，能借助注释和工具书理解基本内容""背诵优秀诗文80篇（段）"[②] 等现实要求。这些从2001年《义务教育语文课程标准》（实验稿）中开始使用的语文课程目标在2022年版《义务教育语文课程标准》中得到了完完整整的保留。这就意味着读书、背书、抄书等传统的语文学习方法依然有现实的生命力。但这些语文学习方法也有先天的局限性：效率低下，背离了追求学习效率的现代新学制要求。因此，对于传统的文言文教学，新课标视域下的中学文言文教学应当明确继承什么、批判什么、扬弃什么。

吕叔湘在《人民日报》发表的《当前语文教学中两个迫切问题》[③] 文章中

[①] 张志公. 传统语文教育初探 [M]. 上海：上海教育出版社，1962：1.
[②] 教育部. 义务教育语文课程标准（2011年版）[Z]. 北京：北京师范大学出版社，2012：14—16.
[③] 吕叔湘. 当前语文教学中两个迫切问题 [N]. 人民日报，1978—3—16.

提出了语文教学的"少慢差费"。这个问题并没有随着时间的推移得到有效解决，反而有愈演愈烈的倾向。1997年《北京文学》发表了三篇文章：邹静之《女儿的作业》、王丽《中学语文教学手记》、薛毅《文学教育的悲哀》，掀起了一场对语文教育的大批判大讨论——"误尽天下苍生是语文"。这一场讨论引发了世纪之交的基础教育课程改革，开启了对语文学习的科学化追求以应对语言文字运用能力培养的现实诉求。世纪之交以来的课程改革延续至今，语文课程也从三维目标发展到了核心素养，要求通过创设真实的语文学习情境，以语文学习支架为依托完成语文学习任务群的课程内容传承，最终实现文化自信和语言能力、思维发展和审美创造的核心素养发展，凸显了泰勒原理的课程实践逻辑[①]。

古人的生活因为都被文言"包围"，浸润在鲜活丰富多元的文言场景之中，具有文言的个人体验情境、社会生活情境和学科认知情境，所以过去的读书人，只要通过读书、背书、抄书等方式就可以完成文言文的理解和运用。而当代学生因为距离古代文言文语境甚远，对文言文具有本能的畏惧，以至于流传"中学生有三怕：一怕写作文，二怕文言文，三怕周树人"的戏语。如何传承好中华优秀传统文化的载体——文言文，是新时代教育中培根铸魂的重要内容。如何重构好中学文言文教学，是新时代中华优秀传统文化创造性转换创新性发展的重要任务。

本书以上述两个问题为导向，遵循"新课标"评价理念，提出"重构"中学文言文教学的方式——首先需要从个人体验情境、社会生活情境和学科认知情境三个维度创设真实而有意义的语文学习情境，实现文言文知识的情境还原，降低学生的理解难度。在此基础上，将所要学习的"文言""文章""文学"和"文化"知识转化为言语交际、抽象思维、形象思维和文化传承的语文学习任务，通过创设有效的学习支架实现心理和行为的和谐共振，使学生在语文学科实践活动中完成学习任务，并通过教学评价、作业评价和表现性评价的方式检测文言文的学习效果。这样重构的文言文教学方式体现了课

---

① 泰勒. 课程与教学的基本原理［M］. 施良方，译. 北京：人民教育出版社，1994：2.

程改革的实践逻辑：从坐而论道转变为学科实践，建立实践型的育人方式。①这是语文学习的逻辑，也是本书的逻辑。

本书共四章。第一章从个人体验情境、社会生活情境和学科认知情境三个维度阐述语文学习情境的"三位一体"，第二章从言语交际、逻辑思维、形象思维和文化传承四个方面阐述语文学习任务的"以一带三"，第三章从内容支架、过程支架、策略支架和思维支架四个维度阐述语文学习支架的"和谐共振"，第四章从教学评价、作业评价和表现性评价三个维度阐述语文学习评价的"大道归一"。

本书试图在"重构"中学文言文教学中解决以下两个问题。

一是"个"与"类"的问题。语文学习面对的是一篇篇"个"的文章，但语言文字运用的语文课程目标具有整体"类"的属性。所以，王荣生教授在几年前提出了"转个为类"的语文教学指导思想，从一篇篇课文中提炼与"文本体式相应的阅读态度、阅读方式和阅读技能，确定某篇课文阅读教学的核心课程内容"②。只有提炼出"类"性的语言文字运用规则，才能为听说读写的语言文字运用能力培养提供方法和理据。没有"类"的语言文字运用规则的理解，学生必将淹没在语言文字的细节海洋中难以自拔，语言文字运用能力培养必将成为一句空话。本书遵循"转个为类"的指导思想，从语文学习"类"的整体性上提炼一篇篇"个"的文言文所内蕴的文言、文章、文学和文化知识，为中华优秀传统文化传承奠定知识论基础。只有从整体上、共性上提炼出文言文的知识系统，才能为深度学习提供语言文字运用规则的核心知识，为通过文言文培养学生的核心素养提供坚实的课程内容支撑。

二是"教"与"学"的问题。我国历来有尊师重教的传统，传统语文教学特别重视教师的教而不自觉地忽略学生的学。我们默认的价值观就是只要教师"教"了，学生就"学"了，也自然就"学会"了，所以我们的口号就是"只有不会教的老师，没有不会学的学生"，其潜台词就是：我们需要考虑的是老师如何教，不用考虑学生怎么学。名师出高徒。只要教师会教，那学

---

① 余文森. 新时代中国课堂教学改革与创新［M］. 北京：教育科学出版社，2024：125.

② 王荣生. "文章原型阅读"单元样章（下）［J］. 语文学习，2006（6）：24—29.

生肯定就会学，学习质量自然就会很好。反过来，如果教师不会教、没教好，那就麻烦大了！随着对学生学习心理的认知越来越深刻，我们逐渐认识到传统观念的局限性，发现语文学习并不是这么简单的一件事。"书读百遍其义自见"的名言却从反面揭示语文学习的效果可能与教师的教没有必然的关联性，恰恰相反，更应该与学生的学习方式有关系。所以，核心素养时代的语文课程改革更应该要建立学习中心课堂，实现"以教为主"走向"以学为主"[①]。本书就是通过14个文言文教学案例，从情境、任务、支架和评价维度重新建构中学文言文教学的"学习中心课堂"，以期为学生的语文学习有效性提供实践探索。

　　本书具有两大特色。

　　一是重构的课例来源于一线教学案例，又在此基础上创新创编。首先，相较于其他同类文言文教学研究的书籍而言，本书更集中更典型地研究文言文的学习过程，透视文言文教学中的某个或多个问题点，目的在于将课例作为研究中学文言文教学的抓手，发现文言文教学中存在的问题，揭示教学现象背后隐藏的规律，即课例观察。其次，本书通过改编一线的课堂实录、教育故事、作业设计，使之在重构中成为既有教学感触又具理性思维的教学案例，能将文言文教学主张中相对专业、艰深、僵化的内容进行深入浅出、富有创新的讲述，不仅有利于理解文言文教学案例的优缺点，更在于揭示具体鲜活课例背后的教学依据和学习规律。

　　二是运用新课标、新教材、新高考的标准观察、探讨和解决文言文教学中存在的现实问题。对于一线师生来说，如果课程标准、教材要求和新高考的命题追求相衔接，能与文言文具体教学实践相结合，那么文言文教学的问题就相对容易解决。本书希望在这一方面做一些文言文教与学的"重构"。具体来说，本书从情境、任务、支架和评价四个维度阐述了语文学习的实践逻辑，结合对具体的教学案例、多样化的文言文选篇、鲜活的学生学情等条件的重新组合、优化融合，运用读写测评、高阶思维、阅读认知等先进的教育教学理念，解决文言文教与学中的难点、痛点、堵点，提供具有实用、深度、

---

① 余文森. 新时代中国课堂教学改革与创新[M]. 北京：教育科学出版社，2024：85.

创新的学习方法指引。

  本书在一线教师课堂实录、教育故事、作业设计的基础上撰写而成。每一节分为三部分：一是课例呈现，每一节阐述一个鲜活的文言文教学案例。这个案例具有整体性和独特性。整体性指向一篇篇课文的教学过程，具有教学过程的完整性。独特性指向一个个案例所映照的问题具有独特性，每一节都聚焦文言文教学中的现实问题。二是对一个个文言文教学案例进行"课例观察"，通过"课例观察"透视文言文教学存在的问题，并且把每个观察点组成问题链，系统形成文言文教学存在的关键问题；三是基于"课例观察"基础之上的教学探讨，针对问题点重构出典型性的语文学习策略，并通过14个策略结构化组成情境、任务、支架和评价的语文学习模型，更好地呼应新课标、衔接新教材、对接新高考。全书探析与重构的课例强化思维技能、文化韵味，教学过程可视化、教学方法易操作。希望本书能对一线教师文言文的高质量教学有所启发和帮助。

第一章　语文学习情境

知识、社会和儿童三大要素通过培养目标影响课程设计,[①] 成为语文教学的三大课程论依据。知识是基础，社会是目标，学生是根本。语文教学必须立足学生语言文字运用能力培养的学情需要，以情境化的语文知识为基础实现语言建构与运用、思维发展与提升、审美鉴赏与创造、文化传承与理解的核心素养发展。

基于上述理念，《普通高中语文课程标准（2017年版）2020年修订》（以下简称"高中语文课标"）从语文学习任务群的立场阐述了"真实、富有意义的语文实践活动情境"[②]的教学意义，并从个人体验情境、社会生活情境和学科认知情境三个维度阐述了情境的外延，为语文学习提供了课程论依据。"个人体验情境指向学生个体独自开展的语文实践活动，如在文学作品阅读过程中体验丰富的情感，尝试不同的阅读方法以及创作文学作品等。社会生活情境指向校内外具体的社会生活，强调学生在具体生活场域中开展的语文实践活动，强调语言交际活动的对象、目的和表述方式等。学科认知情境指向学生探究语文学科本体相关的问题，并在此过程中发展语文学科认知能力。"[③]这三种语文实践活动情境指向三种不同类型的语文学习活动，体现了学生认识自我、理解社会和运用语文的实践逻辑。

[①] 李定仁，徐继存. 课程论研究二十年（1979—1999）[M]. 北京：人民教育出版社，2004：52.

[②] 教育部. 普通高中语文课程标准（2017年版2020年修订）[Z]. 北京：北京师范大学出版社，2020：48.

[③] 教育部. 普通高中语文课程标准（2017年版2020年修订）[Z]. 北京：北京师范大学出版社，2020：48.

个人体验情境指向文学的情感属性，在文学作品的阅读鉴赏中获得审美体验和情感共鸣。文学是人学。作为诗歌的国度，让学生过一种诗性生活是语文学习的重要追求。所以从古至今的语文学习都特别强调通过选择文质兼美的文学作品培养学生的诗性智慧，理解一篇篇经典文学作品所体现出来的人性、人情和人道，拓宽自己的思维方式和对人生的理解，体悟人性的复杂性和多样性，在文学中学会"成人"。

社会生活情境指向现实生活的真实参与，强调在多感官参与的社会实践中体验生活意义、增长社会见识、获得社会启迪。生活是一本大书，值得每一个人全身心投入，特别是在红火的社会主义建设事业参与中践行"培养社会主义事业的建设者和接班人"的教育宗旨。

学科认知情境指向源远流长的语文世界，通过学习语文知识提高语文能力、提升思维品质、发展审美能力、培植文化自信，在语言文字运用中实现核心素养发展的语文课程使命。

第一节　个人体验情境
——以文言名句体验的试题设计为例

体验是人的生存方式，也是人追求生命意义的方式。[1] 个体体验生活的方式各种各样，但对学生来说，在教室里通过阅读文质兼美的文学作品实现情感体验是最直接、最有效的追求生命意义的方式。在经典文学作品阅读中体悟人生的意义、文字的诗性和人物的个性，引起深刻的感情激荡、令人回味的沉思，在"以身体之，以心验之"中实现价值认识和情感体悟，与生命的意义相连。为了实现对生命的体认，就需要让学生在文学作品阅读中建构个人体验情境，让学生在教室里体验人、事、景、物的生命意蕴和诗性智慧。

个人体验情境强调个体独处和生命独享，重在切身体验与文学作品的鉴赏和表达密切关联。情感是体验的核心。学生从自己的生活、遭遇以及全部文化情感积累中体验，在阅读中共鸣，在共鸣中体验深刻的意义。因此，文

---

[1] 朱小蔓. 情感教育论纲 [M]. 南京：南京出版社，1993：150.

学作品的阅读需要创设个人体验情境，在与文本的深度对话中完善思维品质、提高审美情趣、丰富精神世界。在文学作品的阅读中脱离个体情感体验情境谈语言运用能力发展、思维品质提升、审美能力培养、文化自信建构都是没有意义的。个人体验情境建立在学生个体自身参与和情感体验的基础之上，包括教师创设突出学生个性化情感体验的情境，也包括学生自己开展的语文社会实践活动情境。在文本阅读或书面表达过程中体验丰富情感世界，开展独立深入的思考，完善理想人格。

教学案例的两个学习任务意在探究如何设置个人体验情境任务。学习任务一中的《种树郭橐驼传》名为传记，实为典型的寓言故事。此课例将以学生自主学习为主，教师点拨参与，由言及文，由文及道，理解文本的情趣和意蕴，陶冶情操，培养情怀，实现由感性到理性的情感升华。学习任务二中的"中华名句"摘编自初高中教材里学过的文言名句，这些名句能化育后人，给人带来思想启迪。这些聚焦个人体验情境类的学习任务是课内知识向社会生活的拓展，实现课内与课外的关联和延伸。

【课例呈现】

文言名句体验的试题设计

一、作业目标

1. 提取文章主要观点，让学生懂得遵循客观事物发展规律、顺应天理天性的道理。

2. 通过个人体验情境设置，能有效链接教材内容与自身经历，拓展思维空间。

3. 举一反三，拓展训练。

二、学习任务

1. 学习任务一：

郭橐驼的种树经验也适用于学习生活的其他方面。请结合《种树郭橐驼传》的内容，联系自身生活体验，以"从'种树'到'＿＿＿＿＿＿＿'"为题，写一个议论性片段。400字左右。

[学生例文]

从"种树"到"育人"

万物生来有其本真，而无失其时。《种树郭橐驼传》中传授的种树经验便是顺其自然，遵其本真，不加干预。近些年，在"让孩子赢在起跑线"上的驱使下，强行施压孩子，使其失去天性的风气弥漫。育人如种树。首先，你要顺天致性，保其本真。正如舒展树木的本性那样，充分给予孩子的成长空间，不过多以过度干预的形式使爱变成伤害。当然"无为而治"不等于放任自流，而是积极地适应自然，做正确的引导和教育。其次，只有掌握事物发展的内部规律，才能实现真正的自由，从而释放天性。正如真正了解如何适应树木生长规律那样，与孩子深入交流，充分了解孩子所思所想，在必要时提供建议，助梦成长。最后，做到动机与效果保持统一，思考行动与目的是否一致，避免好心办坏事。种树育人本是同源，尊重物之本真，守护人之本真。不经风雨磨炼，何来茁壮成长？所以，请相信无心插柳，柳自成荫。

2. 学习任务二：

下面是学校图书馆展厅电子屏幕展示的以"中华名句化育后人"为主题的文言文阅读【文言名句】和【相关篇章】。请你从中任选一句名言，联系自身发展经历，对所选名句进行阐释。

【文言名句】	【相关篇章】
A. 予独爱莲之出淤泥而不染	《爱莲说》
B. 悟已往之不谏，知来者之可追	《归去来兮辞》
C. 先天下之忧而忧，后天下之乐而乐	《岳阳楼记》
D. 忧劳可以兴国，逸豫可以亡身	《五代史伶官传序》

[学生例文一]

保持忧劳之态，注重提升自我

"忧劳可以兴国，逸豫可以亡身。"意为忧劳可以使国家兴盛，安乐可以使自身灭亡。《五代史伶官传序》是欧阳修在千年前面对政治弊端、社会动乱作出的"千古绝调"。通过对五代时期后唐盛衰过程的具体分析，说明国家兴旺衰败不由天命而取决于人事，借以告诫当时北宋王朝执政者吸取历史教训，居安思危，防微杜渐。

虽是讲述国家兴亡之理，我们仍可借此投射自身。在自身发展的过程中，自当怀有忧劳之心，切莫只图一时享乐，放纵自身。例如我获得一个成就即自满，以至于放纵自我，注意力不再集中在提升自我上，总是想着玩乐。学习成绩下降后，我悔不当初，若是我反思自身，争取更多的提升，一念之间，结局终会不同。总而言之，可以以"兴"为激励，以"忧"为警戒，在自身发展过程中当是戒骄戒躁，注重提升自我，目光长远而非享一时的快感而停留甚至后退。

[学生例文二]

怀揣自我初心，筑就扬帆未来

"先天下之忧而忧，后天下之乐而乐。"在《岳阳楼记》中，范仲淹端一杯浊酒，怅望平生，以一支傲笔，洋洋洒洒，写尽绵绵愁思。豪洒笔墨绘出日星无光，山岳藏形的恶劣处境，又是春风和煦，水天一碧的良辰美景。格调振起，情辞激昂，传达情与景相互感应两种截然相反的人生情境。作者虽身居江湖，但仍心忧国事，即使遭受迫害，也不放弃志向。提出正直的士大夫树立言行一致的准则，认为个人的荣辱升迁应置之度外。以此告诉人们应当吃苦在前，享乐在后的质朴道理。

在恢宏广阔的壮丽诗篇中，我顺着诗词追寻先人的脚步，切身去感受诗词温度。正当我遭遇坎坷，经历磨难时，我学会不为困苦所屈服，不为艰险而低头，不为磨难所吓倒。守住心中的一点光不灭，坚信心中的期盼，执着最后的努力，像古仁人一样持有不以物喜，不以己悲的理想境界。熬过淫雨霏霏，终能等到春和景明时候。回望自身发展历程，成功的丰碑上镌刻着我来时的脚步。先辈留给我们的诗词就像一双矫健有力的翅膀，告诉我应当保持自我的初心，不被外界的变化所动摇，做到宠辱偕忘的超脱和把酒临风的洒脱才能不断丰富人生阅历，充实自我。

【课例观察】

作业是教育的重要内容。从功能主义立场来看，人们对作业的认识经历了从知识操练到心智训练再到自我探究的转变。杜威指出，作业是儿童自我探究的过程，着眼于外部结果而不能实现"个体心理和道德生长"就不能称为作业。①创设个人体验情境是学生在文学作品阅读中实现自我探究的核心任务，而通过创设作业情境激发学生的兴趣、探究和创造本能，可以不断丰富、扩展学生语言文字运用的直接经验及其对生活意义的理解和阐释。核心素养导向的作业设计包括如下几个方面：适切的作业目标、科学的作业内容、适合的作业难度、有分析有改进的作业批改。

首先谈作业目标。作业目标作为一种课外完成的学习任务，除了具有适当巩固当天教学内容的功能之外，更重要的是发挥课外时空的学习优势。就本章案例教学而言，统编初中教材、统编高中必修和统编高中选择性必修教材中的文言文有大量的名篇名句，这些学习资源很容易唤醒学生的个人体验情境，但日常的课堂教学又无法充分展开这些方面的教学。因而可在作业设计中重点关注"在文言文中设置个人体验情境"，以此来弥补课堂教学目标的不足，从而保障课内外教学共同完成课程标准中的目标与要求。任务一中教师合理设置个人体验情境，带领学生走进课本，再走出课本，拓展视野，让语文学习与生活思考有效链接，把课内外学习结合起来拓展思维空间。学生在个体体验上会有差异，会更突出学生的个性解读。任务二中的文言经典名句与学生生活之间存在较大的时空距离，但是精神相同，通过联系自身发展经历实现时空迁移，学生容易与文本展开深度对话，引发情感共鸣，深刻理解中华民族传统文化思想。从两个教学任务来看，作业目标的描述还不够清晰，需要进一步思考：作业目标与课程标准、教材目标是否保持一致？作业目标是否考虑本班同学的学情，作业目标是否满足了不同学业基础的学生差异化的需求？作业目标是否具有可检测性，也就是能否通过作业诊断学生的学习现状与共性问题？

其次谈作业内容。课程目标内容化是课程改革的基本要求。核心素养目标实现必须以多样化类型的作业内容来支撑，缺乏科学、有效、多样的作业内容，核心素养目标就会成为无源之水无本之木。语言文字运用能力培养的

---

① 杜威. 学校与社会·明日之学校［M］. 赵祥麟，等，译. 北京：人民教育出版社，2005：91.

课程目标实现必须通过行之有效的实践性作业来落实。学习任务一中的学生例文从"种树"中得出"顺天致性"的人生真谛并将其延伸到"育人"的话题，要求凸显"守护人之本真"的教育宗旨。在寓言《种树郭橐驼传》的阅读中建构"种树"和"育人"关联的个人体验情境，激发学生运用语言文字表达思想感情的兴趣和热情，有效培养了学生的语言文字运用能力。当然，这篇习作在行文逻辑上还不够严谨，这是需要通过行之有效的作业内容和持之以恒的作业训练来实现语言表达的准确性和逻辑结构的严谨性。

第三谈作业难度。维果茨基的最近发展区理论告诉我们，过分简单的作业和难度太大的作业都不能培养学生的语言文字运用能力。因此，适合学情的作业难度就成为核心素养时代作业设计的重中之重。基于学情的作业设计需要通过个人体验情境的创设来实现作业与学生的"对接"，让学生在个人体验情境中慢慢"走近"作业，使"高高在上"的抽象作业"走进"学生的最近发展区。一个学生在不同学习情境中的最近发展区会随着学习推进不断发生变化，不同学生在相同学习情境中的最近发展区也会存在各种各样的差异。[1] 班级授课制环境中的学生个体差异非常大，这就意味着需要考虑作业的差异性，最好能通过分层作业来满足不同层次学生的学习需求，贯彻落实因材施教的教育理念。学习任务一中的半命题作文就很好地体现了因材施教的理念。不同学生在阅读《种树郭橐驼传》后会有不同的情感体验，半命题作文的开放性就给不同学生的情感表达提供了契机，能让学生在自己的认知范围内完成作业，既从整体上凸显出语言文字运用能力培养的进阶性，又从个体上为不同学生的全面发展提供了多样化的机会。

最后谈作业批改。认真批改分析学生的作业情况，从学生例文中反思作业题目的设计、反思日常教学的问题，改进作业设计和日常教学，是作业设计与实施的关键步骤之一。试想，本章作业如果采用"教师点评"的方式进行批改，这是老师比较喜欢的批改方式，这类评语如果缺乏个性化和针对性，学生可能就会不喜欢、不认同。绝大多数学生最喜欢的作业批改方式是"在错误旁批注，指出存在的问题或解决问题的思路"，通过对错误的批注让学生

---

[1] 王颖. 维果茨基最近发展区理论及其应用研究[J]. 山东社会科学，2013（12）：180—183.

意识到问题所在，从而激活学生探索未知世界的思维空间和体验情境。学生例文不乏精彩之处，但也存在名句理解有偏差、类比推理有欠缺、题干审视不充分等问题，教师如果没有明确指出这些典型错误、没有横向对比优秀的典型范文、没有提供相关学习资源等，而是无关痛痒地"点评"几句，那么真正的语文学习就可能难以发生。

个人体验情境是指学生个体独自开展的语文实践活动，这种语文实践活动至少有这三方面的特征：

一是自主性。创设个人体验情境需要基于学生的自主阅读、独立思考和自主写作实践。学习是一个主动的过程。自主学习是一个系统工程，需要将动机、方法、管理三个核心要素融为一体并保持协调一致。动机是目标，自主学习推进需要给学生提供一个学习的理由，基于理由让学生掌握切实有效的学习方法，并通过日常管理使学生保持学习的持续性和渐进性。语言文字运用能力培养需要让学生理解学习发生的实践过程，通过个人体验情境的创设激发学生运用语言文字表达与交流的动机，并通过学习支架来推进学习过程以实现学习进阶。学习任务一这种半开放式的作文命题形式，其本身就能给予学生一定的思考与表达的空间；学习任务二是"从中任选一句名言"进行阐释，学生可以结合自身经历和阅读感受，选择与自身体验有密切关联的名句进行阐释。这种开放性较强的试题，既让学生回忆教材里学过的知识，又能自主联系自身经历，让课内学习的内容自然延伸迁移到学习生活等领域，从而激发语言文字运用的动机、理解语文学习的方法，并通过学以致用的语文学习活动实现学生的自主阅读、独立思考和自主写作实践，最终为核心素养发展创造条件。

二是关联性。世界是相互联系的整体，没有任何一个事物是孤立存在的。一切事物都在相互影响、相互作用中发展和变化。试题情境应充当勾连衔接起教材内容与学生个人体验的"桥梁"，在目标、行为、过程、方法或结果的相互关联中建构语文知识的结构性、层次性和逻辑性。学习任务一从"种树"联想到"_____"，由于命题聚焦二者的逻辑关联，学生就能顺利运用由此及彼的比较思维和类比思维进行阐述；学习任务二将情境设置在学校图书馆，这个学生再熟悉不过的场所很容易唤醒学生的内在记忆，命题所选的名句既有初中又有高中，既有修身又有处世，都是青年学子必须积累思索的人生之道。老师通过命题技术可以巧妙关联试题与生活的内在逻辑，在个人体验情境中培养语言文字运用能力。

三是体验性。体验是一种特殊的心理活动，由感受、理解、联想、情感、领悟等诸多心理要素构成。① 主体以全部已有的经历和心理结构去感受和理解身边的事物，在事物与自我的关联中产生情感反应，并由此激活个体心灵深处丰富的联想和想象，最终形成对事物的感受、态度和思想情感。个人体验情境类的试题之所以在叙述或议论中提倡联系自身经历，是因为学生对身边的事物有不同的生活感悟，个性的多样化和个体经历的不一样导致每个学生感受体验文言文的感触或思考会有所侧重有所凸显。学习任务二的两篇范文有意识地运用第一人称进行叙述，学生可以结合自身经历自由抒发感悟；而学习任务一的范文虽能联系当今社会现象进行精彩的分析，但缺乏结合自己的发展经历，参与文本的体验性还不够充分不够深入。

个人体验情境类试题不宜用客观题进行测评，应该选用主观题进行测评，主要是因为主观题可以从多角度不同侧面呈现学生自身经历的多样性和情感体验的差异性。

【教学探讨】

一、从作业目标和作业批语的角度谈谈改进方法

（一）作业目标

首先，一个好的作业目标如何表述才能科学而清晰呢？一般情况下，作业目标的描述建议有如下四个要素：行为主体、行为表现、行为条件以及表现程度。其中"行为主体"指的是学生，而不是老师。"行为表现"用"理解""掌握"等行为动词来表达，"行为条件"指向方法，"表现程度"指向学习结果。完整的作业目标体现了主体与客体、内容与方法、过程与结果的有机统一，为语言文字运用能力培养的核心素养发展奠定基础。我们以课例中的作业目标为例比较这一不同表述的差异：

---

① 陈佑清. 体验及其生成［J］. 教育研究与实验，2002（2）：11—16.

作业目标表述	改进后的表述	改进原因
让学生懂得遵循客观事物发展规律、顺应天理天性的道理	学会遵循客观事物发展规律、顺应天理天性的道理	行为主体应是"学生",而不是"老师"
能有效(表现程度)链接教材内容与自身经历	能在正确(表现程度)理解教材内容的基础上,有机(表现程度)结合自身经历	"表现程度"不要太抽象,应可视化易操作
能在正确(表现程度)理解教材内容的基础上,有机(表现程度)结合自身经历	(行为主体:学生)能在老师帮助下(行为条件)正确(表现程度)理解(行为表现)教材内容的基础上,有机(表现程度)结合(行为表现)自身经历	补充"行为条件",每条作业目标的表述包括行为条件、表现程度、行为表现、行为主体

其次,作业目标之间应具有关联性。从作业内容的两个学习任务和学生例文来看,第二个作业目标是重点;第一个目标是为实现第二个目标所做的学科知识铺垫,往往安排在课前预习环节;第三个目标是第二个目标的课外延伸,学生借助第二个目标掌握的方法去解决今后可能碰到的类似问题以实现学以致用的语文教学要旨,教师可以设计具体细致的学习材料或学习任务来测评学生是否有能力"举一反三"。由此可见第三个目标过于宏大,不便操作,可能会流于形式。

(二)作业批改

作业批改,我们重点谈谈教师点评语的改进。教师的批语不仅仅是简单地打对错,更重要的是发现学生存在的问题,帮助分析错误的原因以及提供学生进一步修改或升格作业的支架。

例如,学习任务一中的学生例文《从"种树"到"育人"》,教师可做如下批注:

文章从三方面论述种树和育人的道理相通:第一个方面的核心词是"(让孩子)舒展本性""给予(孩子成长)空间";第二个方面的核心词是"掌握(人才成长)规律";第三个方面的核心词是"好心可能办坏事",也就是那些看似正确的育人方式,其实可能祸害孩子的成长。

思考1：第一方面与第二方面的逻辑顺序是否恰当？如果对换位置会不会更好？

思考2：每个方面论述是否紧扣对应"核心词"？有没有更恰当更感人的个人经历增强论证说服力？

教师点评只是作业批改的方式之一。批改可以是如下几种方式的不同组合：学生自我述评呈现、小组合作探究品评、教师因文细致点评、学生自主反思总结。不论是何种形式的批语都应当遵循如下三个要求：用正确恰当的评语帮助学生明确本次作业的升格或今后努力提升的方向；用具体科学的评语引导学生走出阅读与表达的盲区；用精当深刻的评语引导学生树立正确的人生观、世界观和价值观。教学的本质是不懂到懂、不会到会。通过作业批改让学生知道自己哪里不懂、哪里不会，可以为下一步更好地学习明确方向。

二、从个人体验情境类试题的优化谈谈改进的方法

2012年经济合作与发展组织（OECD）国际学生评估项目（PISA）将学习策略分为记忆策略、监控策略和建构策略。记忆是最基础的学习策略，而监控策略是学习时能主动提出阅读任务、文本目的和主要概念等问题，并且对学习活动进行自我调整和自我监控。[①] 建构策略更加看重学生能否联系真实的生活体验、联系已有的知识背景、尝试建立知识间的联系、寻求新的方法和创造性想法。如果说，社会生活情境的构成要素必须包括具体、真实的生活场景，那么个人体验情境和学科认知情境主要是在语言文字材料内部或语言文字材料之间构造语文学习的时空领域，也就是构建需要学生置身其中的真实认知或体验情境，引导学生打开必备知识和人生记忆。

个人体验情境类的试题设计有两大类。第一类试题与社会生活、学科知识相关，又与个人体验相关，可认为是纯粹个人情境试题，如"教材文言文里的哪句话或哪个场景引发了你怎样的联想与思考？生活中有类似的经历吗？请结合个人体验写一篇短文"。第二类试题情境构成元素主要以个人体验情境为主，还包含社会生活或学科知识元素，可以称为综合性个人体验情境。相较而言，综合性个人体验比纯粹个人情境试题更能激发学生潜在个人体验。以下综合性个人体验情境试题可在班级开展测评，通过数据对比分析印证这

---

① 张民选，等. 专业视野中的PISA [J]. 教育研究，2011（6）：3—10.

一观点。

学习任务 1：

某电视台准备拍摄一部以"书斋"为主题的纪录片，他们选取了刘禹锡的"陋室"（《陋室铭》）、归有光的"项脊轩"（《项脊轩志》）、清代钱大昕的"十驾斋"（《劝学》）

（1）向摄制组推荐生活中印象深刻的书斋，并说明推荐理由。（书面表达类）

（2）电视台开展"我心中的'书斋'"短视频征集活动。要求：作品时长 3—5 分钟左右，横屏、竖屏均可。视频格式尽量为高清格式 1080P，文件格式 MP4。（实践操作类）

学习任务 2：

（甲）庭有枇杷树，吾妻死之年所手植也，今已亭亭如盖矣。（《项脊轩志》）

（乙）现在，站在已无往日印迹的祖屋的院子里，思绪纷扬。一阵从岁月深处的角落里吹来的风，抚着我的耳朵，轻轻告诉我："她也经常思念过去。"（2014 年福建高考语文《祖屋》）

（1）同用景物描写作为散文结尾，（甲）（乙）写法有何不同？请简要分析。

（2）你阅读过的名著或创作过的文章有类似（甲）或（乙）的写法吗？请试举一例加以分析。

第二节　社会生活情境
——以《〈老子〉四章》教学为例

法国作家萨克雷说过："生活是一面镜子，你对它笑，它就对你笑；你对它哭，它也对你哭。"物随心转，境由心生。心之所向，境之所在。人都是社会性的人，每一个人都在社会中"长大"，没有社会也就没有人。当然，离开了人也就没有社会，社会是人的存在形式。人与社会相依相随，相辅相成。所以，马克思说过一句经典名言：人的本质是一切社会关系的总和。个体的行为和思想都受社会关系决定。语文学习发生的前提条件就是师生、生生和生本关系的存在。为了让语文学习更好地在教室发生，就需要重构社会生活情境，通过切实有效的措施建构融洽的师生、生生和生本关系。

师生关系是语文学习的基础。良好的师生关系是教育成功的前提和基础，需要以互相尊重、信任、支持和沟通为前提条件。所以苏霍姆林斯基深刻地指出：学校里的学习不是毫无热情地把知识从一个脑袋装进另一个脑袋，而是师生之间每时每刻都在进行的心灵的接触。亲其师信其道。只有建立了良好的师生关系，才能真正在课堂上有效发生"教师教学生学"的实践活动。这一语文学习活动可以从过程和结果两个维度展开：发生"教师教学生学"的经历，产生"教师教会学生学会"的结果。"教师教学生学"的活动既是教师"教"的过程，也是学生"学"的过程，更是"教""学"协同活动的过程。① 在教与学的协同活动过程中，师生教学相长，通过语言文字的学以致用为学生语言文字运用能力培养奠定基础。

生生关系是语文学习的条件。独学而无友，则孤陋而寡闻。同学是最好的老师，日本的佐藤学教授从生生关系维度提出了学习共同体概念，并将"学习"重新界定为三种对话实践——与客观世界的对话、与他者的对话、与自己的对话。② 与他者的对话就要求建立良好的伙伴关系。伙伴关系要求学生之间相互合作并互相尊重，在与同伴的沟通、协调与合作中获得信息，学习同伴的经验和智慧。良好的伙伴关系对语文学习具有非常重要的作用。语言文字运用的过程体现在梳理与探究、阅读和鉴赏、表达与交流等不同层面，每一个有效的语文学习都离不开同伴之间的沟通和交流。

生本关系是语文学习的关键。教本教本，教学之本。教材是语文教学有

---

① 李功连. 阅读素养培养：基于 PIRLS 和 PISA 的比较和借鉴 [M]. 北京：社会科学文献出版社，2019：175.

② 佐藤学，等. 学校再生的哲学——学习共同体与活动系统 [J]. 全球教育展望，2011（3）：3—10.

效开展的关键，奠定了民族和文明的基座，也是实现国家意志的根本。在统编教材的语境之下，如何建构良好的生本关系是发展核心素养的关键和根本。语文教材通过选择文质兼美的经典文本为学生的语文学习提供专业知识，是积累、感悟和运用语言文字的材料，只有让学生在课堂上有效地理解文本所揭示的语言文字运用规律，才能通过理解和感悟经典文本来培养学生的语言文字运用能力。

无论是良好的师生关系、生生关系还是生本关系，其建构都需要重构社会生活情境，让学生参与语言文字运用的真实场景，在学以致用和用以成效中培养语言文字运用能力。《〈老子〉四章》作为统编高中语文教材选择性必修上册中的传统文化经典篇目，属于"百家争鸣"单元的重点篇目。由于高二学生对儒道的代表人物和基本思想并不陌生，如道家的"道法自然""无为而治"等，而且高二学生具备一定的文言文阅读能力，加上教材对这部分字词有详细的介绍，因此在理解文言字词的基础上以"相反或相对概念"为切入点梳理整合四章学习内容，然后通过雕塑和石像对比加深对"相反或相对概念"的理解，最后为家乡文化建设献计献策。从教材文本入手建构学生理解传统文化的社会生活情境，呼应统编高中语文教材必修上册第四单元的"家乡文化生活"单元，并通过作业衔接中华优秀传统文化和社会生活情境，学生在"用中学"中培养了语言文字运用能力。

【课例呈现】

相对相反　　有无相生
——《〈老子〉四章》教学

一、课前预习

1. 借助词典和课内注释，疏通文言字词，初步理解文意。

2. 根据句意划分节奏并放声朗读课文，阅读张岱年《中华的智慧》中有关老子及其思想的介绍。

3. 阅读单元导语、学习提示、单元学习任务等相关表述，了解单元主题。

二、教学过程

（一）概括《〈老子〉四章》涉及的相反或相对概念。

1. "有"与"无"相反的概念：辐毂、陶胎和户牖是"有"，这些器物的中空部分是"无"。有形的实体与中空的部分形成"有无相生"的关系。

2. "了解别人的人"与"了解自己的人"相对，"战胜别人"与"战胜自己"相对。

3. 通过形式推理得出相对的双方。①"强行者有志"可推出"不强行者没有意志或意志薄弱"；②"自见"对"自隐"，"自是"对"自惭"，"自伐自矜"对"不自矜自伐"。

4. 对社会现象逆向推理。①"为"对"无为"，"执"对"无执"；②众人"欲"，而圣人"不欲"，众人"不学"的，圣人"学"。

（二）运用相反或相对概念比较下面两幅图。

PPT 展示：

老子与《道德经》（吴为山作品）　　　　泉州老君岩造像

1. "瘦"与"胖"：坚定从容与慈祥欢乐。

2. "有"与"无"："瘦"中空，空是《道德经》，"空"中别有洞天；"胖"是掩盖和隐藏，是"无"，印证老子名言"五色令人目盲，五音令人耳聋"。

3. 吴为山先生的"老子"形容枯槁，多一些"抽象"，强调独特性；泉州本地老君形象饱满，多一些"写实"，更接地气。

（三）阅读材料，为老子画像。

司马迁关于老子的描述寥寥无几，孔子说老子是一眼望不见底的高人，就像传说中的神龙见首不见尾。参照吴为山先生的作品和泉州老君岩造像，给老子设计画像的方案。

材料：孔子适周，将问礼于老子。老子曰："子所言者，其人与骨皆已朽矣，独其言在耳。且君子得其时则驾，不得其时则蓬累而行。吾闻之，良贾深藏若虚，君子盛德容貌若愚。去子之骄气与多欲，态色与淫志，是皆无益于子之身。吾所以告子，若是而已。"孔子去，谓弟子曰："鸟，吾知其能飞；鱼，吾知其能游；兽，吾知其能走。走者可以为罔，游者可以为纶，飞者可以为矰。至于龙，吾不能知其乘风云而上天。吾今日见老子，其犹龙邪！"

——《史记·老子韩非列传》

1. 老子与世无争，是一个躲在角落的孤独智者。
2. 仙风道骨，白髯飘飘，骑青牛，驭群鹿，沐紫气……

三、课后作业

1. 阅读下面文言文，完成学习任务。

夫儒生，礼义也；耕战，饮食也。贵耕战而贱儒生，是弃礼义而求饮食也。使礼义废，纲纪败，上下乱而阴阳缪，水旱失时，五谷不登，万民饥死，农不得耕，士不得战也。……故以旧防为无益而去之，必有水灾；以旧礼为无补而去之，必有乱患。儒者之在世，礼义之旧防也，有之无益，无之有损。夫礼义，无成效于人，然成效者须（须：等待，依靠）礼义而成。犹足蹈路而行，所蹈之路须不蹈者；身须手足而动，动者待不动者。故事或无益，而益者须之；或无效，而效者待之。儒生，耕战所须待也，弃而不存，如何也？（王充《论衡·非韩》）

本段体现相反相成思想，即相互对立的事物之间也有相互依赖、相互促成的一面。请结合上述语段谈谈作者是如何阐明这一思想的。

2. 以下是访谈某"老子思想研究专家"的记录表，请在访谈结束之后将其记录完整。

访谈对象		专业介绍	
访谈成员		访谈时间	
访谈提纲与访谈记录			
学生：您觉得在当前社会，我们谈《道德经》有什么意义呢？ 专家：_____ 学生：现代社会一般是职场人士在看《道德经》，那我们普通学生看了有什么用呢？ 专家：_____ 学生：我曾经很仔细地读过《道德经》，觉得其中很多章都是重复的，翻来覆去说的都是一个道理。请问您是怎么看的？ 专家：_____			

3. 在对泉州清源山老君岩景点现状进行调查的基础上，从老君岩形象时尚传播、老君岩导游解说词优化、周边形象景观配套方案等角度，陈述建议内容、理由、实施步骤和可行性等。

【课例观察】

　　文言文教学应该遵循"古为今用"和"以终为始"的原则，从面向社会生活的立场审视文言文的教学价值，在中华优秀传统文化的学以致用中实现文化传承，培植文化自信。文言文包括"文"和"言"两部分。"文"指文章、文学和文化；"言"即古汉语语法知识、词语积累、诵读方法、文言语感。可以这样认为，入选语文教材的文言文都是"文言""文章""文学"和"文化"这"一体四面"的载体。"古为今用"需要立足社会生活以实现传统与现实统整，要么从文言入手回归到现实，要么从现实切入文言文的学习活动。无论是哪一种方式，文言文教学的根本目标在于实现"文言""文章""文学"和"文化"所凸显的教学价值。"以终为始"的逆向设计是格兰特·威金斯的核心理念，要求教学首先考量"为了达到学习目标，学生需要什么"[1]。教育是为了将来培养人才。学生都在现实中生活，文言文所传达的内

---

[1] 威金斯，等. 追求理解的教学设计 [M]. 闫寒冰，等，译. 上海：华东师范大学出版社，2017：15.

容和表达手段与现实生活相距甚远，学生学习文言文的目的并不在于掌握文言的表达方式，而是通过表达方式实现文章逻辑的体认、文学韵味的感悟和文化自信的培植。文言文作为一种语言形式已失去发展的现实性，但所承载的中华民族数千年形成的核心思想理念、中华传统美德与中华人文精神却是中华民族文化认同的根基，也是当代社会发展不可忽视的文化深层内涵，这就意味着需要从结果入手，站在"培养全面发展的人"的立场审视文言文的教学价值。

现实生活处于复杂、多元、动态的过程之中，是以立体形态存在的社会多种要素的综合体。社会生活情境指向最广阔的社会现实生活，在具体社会生活场域中开展的语文实践活动，重在实现语文学习和生活应用之间的融合，强调从社会生活切入实现语言交际活动场景、对象、目的和表达上的学以致用。创设社会生活情境并不是再现生活，而是挖掘真实生活要素，联系现实生活，注重古今嫁接实现时空迁移，在与文本的深度对话中理解文本的精神世界，引发深度情感共鸣，完善思维品质和审美情趣。通过社会生活场景的"碎片化"处理实现社会生活的课堂重构，使学生能真实应对现实生活的具体问题，通过社会生活情境的再现实现对语文知识的理解、迁移与运用，在解决实际问题能力的提升过程中培养创新意识和创造能力。基于此，我们可以发现《〈老子〉四章》教学案例所体现出来的创新精神。

整个教学设计流程清晰，目标明确，内容具体。首先通过课前预习完成对文言节奏划分方法的指导和对文言内容的理解。对高中学生来说，这个任务显然不是教学的重点所在，所以只是在课前预习完成。接着以老子"相对或相反"的概念为切入口，在理解文意基础上结合生活现象学会老子"相对或相反"的辩证法，这是教学重点，也是核心素养发展的关键所在，通过理解文本的核心价值来实现思维发展，提高审美情趣，培植文化自信。该教学环节主要由三个层层递进的教学任务组成：概括"相对或相反"的概念加强文意理解，注重文言语境中的推断能力培养；对照两幅图片加深对"相对或相反"概念的理解；从作品给老子画像，契合中国古代文论"文如其人"的思想。最后从社会生活情境角度，在实用类写作中测评对"相对或相反"概念的运用与迁移。整个教学过程扎实，循序渐进，层层推进，通过预习朗读、理解文意、比较阅读、综合评价等程序性策略，符合阅读规律和学生的认知规律。

　　这是一个非常精彩，有实效的教学课例，但还可以从三个方面进一步提升教学价值。

　　第一，文化经典的阅读教学有两项重要评价指标：一是教学是否让学生读懂"这一篇"，并从中获得中华优秀传统文化的多方面滋养；二是教学能否教会学生理解"这一类"文本的某些共性。有无相生，难易相成，长短相形，高下相倾，音声相和，前后相随。《道德经》揭示阴阳对立与统一是万物的本质体现，物极必反是万物演化的规律。课例的"相反或相对的概念"就是阅读老子《道德经》的重要方法论，理解了这一点也就读懂了"这一篇"。学生在真正理解这四章的基础上加以运用此"相反相成"的方法就能相对顺利地解决《老子》其他篇章的阅读，很好地实现从"这一篇"到"这一类"。因此，本章围绕教学目标——学会老子"相反相成"的思想——设定主问题，围绕主问题环环相扣、步步深入、递进式地展开教学，不论是阐释教材里相对或相反的概念，还是通过"相反或相对概念"比较两张图，问题与问题之间不仅有内在关联，而且学生解答问题的结论也不是单一、唯一的答案，使学生在师生互动交流中获得思想的顿悟。如果"课后作业"环节的每项作业也都能紧扣主问题，而不是旁逸斜出地延伸到"老子思想"的访谈，那么本堂教学的聚焦点会更明确。

　　第二，老子思想与社会生活情境的有机关联。社会生活情境是语文实践活动情境的重要组成部分，也是高考文言文命题发展的必然趋势。社会生活情境区别于个人体验情境、学科认知情境的关键特征是社会生活取向，这种取向要求本课的情境任务尽可能模拟现实生活情境，本章作业设计中就还原了社会真实生活的关键要素，训练学生在现实情境中解决真实生活问题的能力，如比较赏析两张源于社会生活的图片、有关"老子思想"的专家访谈、老君岩景观形象改进的建议书等。当然，作业设计的命题还要注重学科知识和技能在现实情境中的迁移与运用，用教材里老子"相对或相反"的概念或方法去指导社会生活中的实用性任务。从这个角度来看，第一项作业是用课内"相对或相反"的概念或方法去解决语文学科知识，第二项作业是通过访谈了解老子思想在社会生活中的运用，但不是测评主体知识——"相对或相反"的概念或方法迁移运用于社会生活情境的知识与技能；第三项作业虽有涉及"相对或相反"的主题知识，但不是聚焦这一主体知识，测评要素还不够确切。

　　第三，从本课的学习过渡到老子思想的认识。老子思想博大精深，被誉为"中华文化之源""万经之王"。其所倡导的道法自然、无为而治、尊道贵德等思想对中国哲学发展具有深刻影响，成为全人类共同的精神财富。如何让学生从"这一篇"的学习过渡到对《道德经》的阅读，最终实现对博大精深的传统文化的理解和传承，契合语文课程标准所提出来的"整本书阅读"的课改理念，是教师教学中应注意的"汝果欲学诗，工夫在诗外"。语文教材只是例子，教材的学习仅仅只是开始。从教材"单篇"入手向"整本"延伸，就应该避免漫无目的的意义追问和价值审思，与其泛泛地谈"《道德经》有什么意义"，还不如提问"《道德经》还有哪些思想值得中学生学习"，只有这样的具体问题才能引起学生的深度思考。立足文本从具体内容入手，引导学生深度理解文本和现实生活的关联性，对课后作业进行有针对性修正，补充和拓展《道德经》的内容，强化课内与课外结合，让学生从"这一篇"走向"这一本"，实现课内阅读到课外阅读的延伸拓展，可以为核心素养发展奠定坚实基础。

【教学探讨】

　　高中语文新课标强调，中华传统文化经典选修课程的开发与实施对提升中华民族文化的认同感、自豪感，增强文化自信，更好地继承和弘扬中华优秀传统文化具有重要意义。2017 年版课标附录 2 "关于课内外读物的建议"部分，"文化经典"推荐的第三部作品就是《老子》。

　　文言文教学的首要问题是确定文本的阅读价值，就《〈老子〉四章》而言，"相对或相反的概念"是其最核心的阅读价值。老子对中国哲学史的重大贡献是他那丰富的辩证法思想，这种辩证法至少包含两个方面：一是对立面互相依存、互相配合，比如课例中提到的"有"能给人们提供便利，而"无"才显示出实际的功用，并引导学生用生活现象来印证老子"有无相生"的观点；二是老子的辩证法除了看到对立面互相依存的关系，还看到对立面互相转化的特点，如高中语文新课标附录1"古诗文背诵推荐篇目"推荐的《〈老子〉八章》中"曲则全，枉则直，洼则盈，敝则新，少则得，多则惑"（《老子》第二十二章），弯曲才可保全，委屈才可伸展，低洼之处反而能够充盈，凋敝到一定限度就会出现新的面貌，少取则有所获，贪多则可能迷惑而无所得。在这一章里，老子从多方面论证了对立面的互相转化。再比如，我们日常所熟知的故事"祸兮福之所倚，福兮祸之所伏，孰知其极"（《老子》第五十八章），灾祸中隐藏着幸福的萌芽，幸福中埋藏着灾祸的种子，"祸"可以转化为"福"，"福"也可以转化为"祸"。老子这种由反入手，以反求正的方法在今天仍有其现实意义。

因此，局限于这四章的课例仅讲到老子思想的"对立面互相依存、互相配合"，还不够完整不够全面，可以从课标推荐的《〈老子〉八章》中，也可以从《老子》其他章节中，选取有关"对立面互相转化"的《老子》名句和生活案例，这种互补的文本组合会让学生有机会更全面系统地汲取《老子》的智慧，如"物或损之而益，或益之而损"（《老子》第四十二章），这句话说明事物在发展过程中不会直线行动，到了一定界限就会转到反面，本来要损害某物，但结果却可能帮助了某物的发展；本来要扶持某物，结果却损害了它，这就是损与益互相转化的实例，生活中这种事与愿违的事情还是很常见的。

作业设计的首要问题是情境任务设计，单就《〈老子〉四章》来说，什么样的情境设计较为合理需要根据具体的课程资源与学生情况来确定：根据泉州清源山老君岩景点设计了一个情境任务，即通过建议书的形式来调动学生进一步了解"老子"思想就很好地体现了社会生活情境理念。其次，老子的"相对或相反的概念"是本章教学的核心任务，作业设计是其辅助任务，辅助任务主要是通过实用性语篇——访谈和建议书的写作来实现文化经典与社会生活情境的无缝衔接，这一教学构想值得称赞。如果辅助性任务——实用性的语篇写作能够围绕课程中的核心任务——老子"相对或相反的概念"，以"相对或相反的概念"的形式改写某位导游解说词的作业形式来设计学习任务是不是更好？再者，"老君岩形象的时尚传播、周边形象景观的配套"这两项学习任务过大过泛,再加上学生缺乏这些方面的专业化知识,因此这项作业难度远远超出学生最近发展的能力区域。

核心素养不能直接教给学生,只能在"问题情境中借助问题解决的实践培育起来"①。学生解决问题的过程就是核心素养发展的过程,因此,问题情境的创设就应该要有利于激发学生的学习兴趣,激活学生的学习思维,通过解决有挑战性的真实问题来培养语言文字运用能力。基于此,我们可以从导游词入手创设学习《〈老子〉四章》的情境任务,让学生根据课文乃至《道德经》整本书的内容,引导学生修改导游词,完成导游词空缺的内容。这种产生于特定情境的劣构问题(指具有多种解决方法、解决途径和少量确定性条件的问题)与社会生活密切相关,趣味性强,需要整合不同内容的知识,对学习具有现实意义。② 具体题目如下:

各位南来北往的旅客朋友们,无事此静坐,一日是两日。清源山上老君闲,静坐千年看变迁。你看,这座老君岩造像,本是一块天然巨石,好事者略加雕琢,就成了我国现存最大的道教石雕造像。他坐北朝南,背屏清源山,俯视温陵城,身处在这空山幽谷之中,好个道法自然;摆个席地凭几而坐的姿态,好不自在!

你瞧,整个石像的耳鼻、手指、胡须、装扮、坐相等方面的形象,无不体现了老子动静相宜和有无相生的思想。

_____。

具体说来,除了体现老子的《道德经》的思想,这座老子石像也和泉州当地的文化紧密联系在一起。

_____。

这空谷之中的"老子",不仅照耀了我们千年,还很接泉州的地气哦。有人开玩笑说,一个人知道世间的一切,又理解世间的一切,就能说自己"老子天下第一"哟。

---

① 钟启泉. 基于核心素养的课程发展:挑战与课题 [J]. 全球教育展望,2016 (1):3—25.

② [美] David H. Jonassen. 基于良构和劣构问题求解的教学设计模式(上)[J]. 钟志贤,等,编译. 电化教育研究,2003 (10):33—39.

(1) 部分游客反映，导游这段解说词的第一段在语言表达上有些问题，请你帮忙修改。

(2) 请在文中横线处补写恰当的语句，使导游的整段解说词语意完整连贯，内容贴切，逻辑严密。

第三节　学科认知情境
——以文言文语法知识教学为例

作为一种定型化的书面语言，文言文沿用了几千年，从先秦诸子、两汉辞赋、史传散文，到唐宋古文、明清八股等都属于文言文范围。文言文是最精粹的语言盛宴，凝聚着先哲大师的心血。文言文表达特别精练，非常有深度、有韵味，读起来朗朗上口，是我国现代汉语的源头活水。我国历来有"文以载道"的优良传统。记载着先祖在思想、科学和文艺等方面的智慧结晶，它是中华优秀传统文化的结晶和重要载体，也是中华民族的灵魂和民族精神的支柱。

与书面语相对的是口语。我国历来有"重文轻语"的历史传统，重视书面语言而忽略口头语言，背后的原因不言而喻。时间和空间是事物存在、发展、变化的客观处所。口头语言会随着时代和地域的改变而发生急剧变化，十里不同音必然会导致不同地域之间的人没法正常地沟通和交流，旧事物的销声匿迹、新概念的层出不穷导致后来的人无法理解过去的人。为了消弭时空对人与人之间相互交流的影响，伟大的先贤发明了"言文分离"的语言规则：文字就是一套稳定的文言文系统，语言则是另一套可变的口语系统，语言和文字分开，互不干扰。中华文明用文言文流传，语言则有不同时代、地域的方言供实时、实地交流。整套文言文系统内的字义、语法、语序相对固定。为了应对时代发展而出现的文言文语言变化的需要还出现了"训诂"的学科知识系统，通过解释文字意义让后人读懂先贤典籍，《尔雅》就是最早的训诂学著作。这种文化传播手段确保了后世的子孙捧起先贤典籍就能读懂、理解文意，再把思想提炼成文字继续哺育后世子孙，生生不息，源远流长。

一代又一代中华儿女，通过文言文的学习实现文化传承是必然的历史选择和时代需要。习近平总书记 2014 年 9 月 9 日在北京师范大学考察时指出："我很不赞成把古代经典诗词和散文从课本中去掉"，"应该把这些经典嵌在学生脑子里，成为中华民族文化的基因"。学习优秀的文言文可以提升语言能力、感受语言的发展演变，可以了解中国传统社会和民族文化，继承民族优良传统，还可以感受古人的精神世界，体会民族精神，汲取民族智慧。

核心素养时代的语文教学首先需要面对的是如何处理传统语文知识的问题。知识是教学的前提和基础，没有语文知识就没有语文教学，也不可能发生语文学习。文言文教学的基础是"文言"，不理解文言文的字义、语法就不可能读懂文言文，传承中华文化和弘扬民族精神就会成为一句空话。文言文的语法包括词类活用、特殊句式、虚词、断句、翻译 5 个重要知识点。学习文言文知识对高中生来说一直是一个难点，许多学生对文言文学习缺乏浓厚的兴趣，对文言文知识缺乏系统的认识。然而掌握文言文的语法对高中生又特别重要，如何在课堂上有效落实文言文的语法，已成为一线教师迫切需要解决的难题。

为了解决这一现实难题，我们可以借鉴美国现代认知心理学家奥苏贝尔提出的"先行组织者"理论。奥苏贝尔在他的著作《教育心理学》扉页上写道："如果我们不得不将全部教育心理学还原为一条原理的话，我将会说，影响学习的最重要因素是学生已经知道了什么，根据学生原有的知识状况进行教学。"[1] 基于此，他提出了"先行组织者"理论，这是奥苏贝尔为了在新旧知识之间建立一种联系以保证有意义学习发生而提出的理论体系。学习需要利用头脑认知结构中已有的概念、命题等旧知识去有意义地建构新知识，从而使原有认知结构通过吸收新知识而实现改造或重组。

在奥苏贝尔看来，新旧知识关联有三种水平：新知识的抽象概括水平高于、低于或无关于旧知识，分别属于上位学习、下位学习和并列学习，揭示了新旧知识同化的学习心理机制。所以，奥苏贝尔深刻地指出："教学过程的

---

[1] 陈昌岑. 教学理论和实践的创新——奥苏贝尔"先行组织者"学说评介 [J]. 外国教育动态，1985 (5)：51—56.

实质在于有意识地影响和操纵学生的认知结构变量，在于有效地控制被同化新知识意义的精确性、清晰和稳定性以及向新学习情境的可迁移性。"为了实现旧知识向新知识学习的情境可迁移性，教师就需要努力挖掘最有解释力量的概念、原理、法则等"强有力的观念"，通过对基本知识结构的理解以实现语文知识的几何式孵化和繁衍，提升语文学习的有效性。

"先行组织者"理论凸显了学科认知情境的教学价值，可以有效通过"结构化"教学解决文言文语法知识体系的问题。学科认知情境指向学生认识、思考、梳理、探究语文学科中的文言文知识，并在阅读和鉴赏、表达和交流、梳理与探究等多样化的语文实践活动中增长文言知识，发展认知能力，提升语文素养，为落实立德树人根本任务奠定基础。

【课例呈现】

"先行组织者"理论在教学中的运用
——以文言文语法知识教学为例

一、导入

初中学习了很多文言文，现在还记得一些文言语法知识吗？

揭示：文言文语法包括词类活用、特殊句式、虚词、断句、翻译五个重要知识点。高中阶段对文言文新知识感到陌生，比较难理解，需要找到有效方法建立新旧知识之间的关联，从而实现文言文语法知识的有意义学习。

（PPT 展示）

20 世纪 60 年代，美国的奥苏贝尔提出"先行组织者"理论，侧重帮助学生在新旧知识之间搭建"桥梁"，充分利用新旧知识之间的联系来进行学习，有利于建立学生对知识的系统性，促进学习的迁移。能够使新知识和学生已有的认知结构发生相互作用，使学生头脑中原有的认知结构发生变化而形成新的认知结构。一旦建立了清晰的知识结构，学生在接触到某一点时，头脑中便会浮现出相应的知识树，从而灵活地运用知识，促进知识的迁移。

二、运用"先行组织者"理论解决文言文特殊句式或成分倒置

材料一：

已矣乎！寓形宇内复几时？曷不委心任去留？胡为乎遑遑欲何之？富贵非吾愿，帝乡不可期。怀良辰以孤往，或植杖而耘耔。登东皋以舒啸，临清流而赋诗。聊乘化以归尽，乐夫天命复奚疑！

——陶渊明《归去来兮辞（并序）》

材料二：

夜缒而出，见秦伯，曰："秦、晋围郑，郑既知亡矣。<u>若亡郑而有益于君</u>，敢以烦执事。越国以鄙远，君知其难也。<u>焉用亡郑以陪邻</u>？邻之厚，君之薄也。若舍郑以为东道主，<u>行李之往来</u>，共其乏困，君亦无所害。且君尝为晋君赐矣，许君焦、瑕，朝济而夕设版焉，君之所知也。<u>夫晋，何厌之有</u>？既东封郑，又欲肆其西封，若不阙秦，将焉取之？阙秦以利晋，唯君图之。"秦伯说，与郑人盟。使杞子、逢孙、杨孙戍之，乃还。

——左丘明《烛之武退秦师》

（一）材料一选自陶渊明的《归去来兮辞（并序）》里的最后一段。请找出宾语前置的句子。

预设："胡为乎遑遑欲何之""乐夫天命复奚疑"。宾语前置体现在"胡为""何之""奚疑"这三处。

理解宾语前置的四种类型：本句是疑问代词作宾语，宾语前置的类型。"胡""何""奚"都是疑问代词，分别作谓语动词"为""之""疑"的宾语。

另外还有三种：一是用"是"或"之"提宾的类型；二是在否定句中，代词作为宾语前置；三是介词"以"的宾语无条件前置。

宾语前置非常重要，而且是非常常见的语法现象。

（PPT展示）

① "忌不自信。"（《邹忌讽齐王纳谏》）

② "问女何所思？"（《木兰诗》）

③ "何陋之有？"（《陋室铭》）

"先行组织者"：分析初中已经学过的文言文。

预设："忌不自信。"属于在否定句中代词作为宾语前置，翻译为："邹忌不相信自己。""问女何所思？"属于疑问句中代词作宾语前置，翻译为："问女儿想什么？""何陋之有？"属于用"之"作标志的宾语前置，翻译为："有什么简陋的呢?"

(二)阅读材料二,看看哪句话是宾语前置句。

预设:"夫晋,何厌之有?"这句话属于用"之"作标志的宾语前置,翻译为:"晋国,有什么满足的呢?"

小结:《论语·述而》提到:"举一隅,不以三隅反,则不复也。"意思说学习要做到举一反三才能真正掌握知识,灵活运用知识。这也就是教育心理学中所说的迁移,迁移是一种学习对另一种学习的影响。文言文的语法包括词类活用、特殊句式、虚词、断句、翻译5个重要语法知识点,都可以借助"先行组织者"理论完成旧知识迁移,掌握文言文语法知识。

应用"先行组织者"理论完成作业,促进文言文语法知识迁移。

三、课后作业

借助"先行组织者"理论阅读《廉颇蔺相如列传》选段,分析"臣尝有罪,窃计欲亡走燕"里实词"亡"的意思,并整理归纳"亡"的一词多义。

[教材链接]

宦者令缪贤曰:"臣舍人蔺相如可使。"王问:"何以知之?"对曰:"臣尝有罪,窃计欲亡走燕。臣舍人相如止臣曰:'君何以知燕王?'臣语曰,臣尝从大王与燕王会境上,燕王私握臣手曰,'愿结友',以此知之,故欲往。相如谓臣曰:'夫赵强而燕弱,而君幸于赵王,故燕王欲结于君。今君乃亡赵走燕,燕畏赵,其势必不敢留君,而束君归赵矣。君不如肉袒伏斧质请罪,则幸得脱矣。'臣从其计,大王亦幸赦臣。臣窃以为其人勇士,有智谋,宜可使。"

——司马迁《史记·廉颇蔺相如列传》

[学生作业]

在学习《廉颇蔺相如列传》中的"臣尝有罪,窃计欲亡走燕"里实词"亡"的意思时,我是这样呈现"先行组织者"的:

① "今亡亦死,举大计亦死。"——《陈涉世家》

② "出则无敌国外患者,国恒亡。"——《生于忧患,死于安乐》

③"河曲智叟亡以应。"——《愚公移山》

这几句话选自初中语文课文，分别包含了"亡"的不同用法，我们可以调动认知结构中储存的"亡"的用法：①逃跑，逃亡；②灭亡；③通"无"，可译为"没有"。那么"臣尝有罪，窃计欲亡走燕"中"亡"的意思就显而易见了，是"逃跑，逃亡"的意思。

【课例观察】

文言文教学中最容易出现简单机械，逐字逐句记忆语法知识现象，主要有两个方面的原因：学生要么缺少与新知识建立关联的已有观念，要么建立的关联不清晰、稳定性差，分辨不出新旧知识之间实质性的区别和联系。基于此，奥苏贝尔主张在学习新知识前介绍在抽象、概括水平上高于新知识，与旧知识密切联系，同时又高度概括性地包含新知识的关键内容，通过"先行组织者"的作用帮助学生在已有的认知结构中组织和纳入新知识，从而形成新的认知结构。奥苏贝尔"先行组织者"主要有两种类型："陈述性组织者"和"比较性组织者"，前者针对完全陌生的新知识，后者针对新旧知识间存在的特殊关联需要在比较中呈现出来，避免新旧知识之间的混淆。无论是"陈述性组织者"还是"比较性组织者"，文言文语法知识教学都应该从大概念的立场揭示知识的逻辑结构，相对学生脑海中的已有观念建构出大概念。威金斯和麦克泰格认为："大概念就是一个概念、主题或问题，它能够使离散的事实和技能相互联系并有一定意义。"① 大概念与小概念、中概念相对，内蕴知识的层级性结构。实际上，大概念的本质就是对知识结构的认识。所以，布鲁纳深刻地指出："不论我们选教什么学科，务必使学生理解该学科的基本结构。""一门学科的课程应该决定于对能够达到的，给那门学科以结构的根本原理的最基本的理解。"②

如何提炼并呈现大概念？虽然现在的义务教育阶段课标"附录3"中，明文写出要求学生了解语法常识，如名词、代词、动词、形容词，主语、谓语、

---

① 格兰特·威金斯，杰伊·麦克泰格. 追求理解的教学设计（第二版）[M]. 闫寒冰，等，译. 上海：华东师范大学出版社，2017：6.

② 布鲁纳. 教育过程 [M]. 邵瑞珍，译. 北京：文化教育出版社，1982：31，47.

宾语，初中教材也出现词语、句子等语法知识的模块，如义务教育教科书七年级上册第120页就有关于"代词"的知识板块，但是由于语法常识不列入考试范围，不少老师在应试备考时间有限的大环境下就对语法教学"草草了事"。教师在教学中发现不少学生对宾语在动词之前的语法现象不是很熟练，于是将本章教学的大概念聚焦在"宾语前置句"。其实"宾语前置句"是文言特殊句式之一，如果我们只教会学生知道"宾语前置句"有哪几种类型，教材里有哪些相似的例子，最后得出的结论容易沦为呆板干巴的"知识"或"教条"。文言文成分倒置的诸多现象背后的基本原理才是需要提炼的基本问题，即大概念。我们应当引领学生去认知"宾语"之所以"前置"的学理依据——文言"代词"在句子中有不同的用途——这就是我们需要解决的基本问题。

　　提炼大概念有利于强化对学科认知情境的设计。文言文教学的首要任务是读懂古文，重点解决古文中的字、词、句、篇的理解问题。教师费尽心思，事无巨细地复习教材里的"言"，学生课后记了好多好多字词句。一篇一篇讲，一篇一篇积累，但学生并没有很好地理解知识背后的学理依据。基于此，教学案例就能给我们这样的启发：通过以"宾语前置"这一文言特殊句式的现象为大概念，借助"先行组织者"理论，建构新旧文言文语法知识的深度关联。

　　对文言语法知识的深度理解需要整合运用好"先行组织者"理论。语文课程标准要求，学科的本体知识教学不能脱离语言运用而进行所谓"系统"讲授和训练，主张经由课内外的自主梳理和整合，让学生把自身积累的语言材料和学习的语文知识进行关联，使知识系统结构化。教学案例从材料中找出"宾语前置句"，再关联学过的宾语前置知识，设计意图是引导学生学会勾连新旧知识。如果先让学生熟悉旧知识，再展示学习材料的新知识，会不会更好些？"课后作业"部分将学科知识置于真实学科认知情境中，结合教材文言文或课外阅读过的文言作品进行学习体验、梳理探究。学生根据过去教材中"亡"字的基本规律，可以顺利地判别材料中"亡"字的意思。一般而言，作业设计要求从相似经验中总结归纳的认知框架总是相对薄弱的，作业设计如果能在文本内部或文本与文本之间建立区别性的张力、矛盾乃至冲突，就能引发学生的认知冲突或认知深化，对学习材料二"夫晋，何厌之有"这个问题点设置一些"障碍"可以加深对"宾语前置句"的张力。

①"若（秦）亡郑而有益于君"与"夫晋，何厌之有"的句式特点有何不同？

②"焉用亡郑以陪邻"与"夫晋，何厌之有"都有代词"焉"和"之"，它们各属于哪种类型的代词？在句子中有什么用途？

③"行李之往来"与"夫晋，何厌之有"都有"之"，但意义和用法不同。请简要说明。

这种产生认识冲突的问题群，可以让学生在辨识、分析、综合、比较和归纳属于语文学科本体范畴的语言文字现象和文学现象中提升高阶思维能力。

【教学探讨】

高中语文课标对学科认知情境的界定是"学科本体相关的问题"。学科本体相关的问题"实质上就是对"认知"的解释，其意义指向获得语文学科本体知识和能力的过程。一般认为，语文学科本体知识包括汉语言文字知识、文学文化常识、文章学知识等，语文本体能力则主要包括听说读写等基本语文能力，当然更包括《语文课程标准》用以涵括语文必备品格与关键能力的语文学科核心素养，即语言建构与运用、思维发展与提升、审美鉴赏与创造、文化传承与理解。《中国高考评价体系》"学科素养指标体系"要求考生"根据应对问题情境的需要，合理地组织、调动各种相关知识与能力，对获得的学科知识和相关信息进行概括整合，形成与生活实践或学习探索问题情境对应的产生式系统，能够将新获得的知识纳入已有知识结构或知识体系，对原有的知识结构进行合理的调整"。

基于这样的理念，学科认知情境设计不能止于"编个故事，提个要求"，而是要充分考虑学科知识的系统性、综合性和复杂性。教学案例仅仅关注语言材料积累量，让学生列举教材学过的"宾语前置句"，整理归纳教材里"亡"字的义项与例子。学科认知情境设计更重要的是关注语言材料、言语活动经验的结构化水平。"结构化水平"是相对于"程序化水平"而言的，"程序化水平"是能运用概念和规则按正常操作步骤正确处理问题的能力，而

"结构化水平"要求凭借概念和规则,在打乱正常操作顺序情况下依然能正确而灵活地处理问题,从而更好地实现语言建构与运用、思维发展与提升、审美鉴赏与创造、文化传承与理解之间的融合与统整。

在"结构化"的学科知识情境设计题目的启发下可以对案例中的学习任务进行结构化处理,从而更好地凸显学科知识情境的教学价值。

任务一:请把代词的种类列成一个系统表。

【提示】代词的种类有三种:人称代词;指示代词;疑问代词。

任务二:在文言文中,代词在句子的位置往往是倒置的,请整理归纳以下三种现象:

(一)疑问代词作宾语、介宾短语的宾语位置

例1:_____

例2:_____

(二)代词在否定句中做宾语(有些人称代词和指示代词在否定句中做宾语时,常常倒置在动词之前)

例1:居则曰不吾知,如或知尔,则何以哉?

例2:老者衣帛食肉,黎民不饥不寒,然而不王者,未之有也。

(三)"是"字和介词合成介宾短语

"是"字和介词合成的介宾短语,并不都倒置,如说"____""____""从是","是"字都在介词之后,和平常的情形没有两样。可是和"以"字合成"以是"的时候,古文中常倒置成"是以"。

任务三:

(一)试将下列现代汉语的语句翻译成文言语句,用着重号标注代词位置。

①昨日为什么不来?

②你欺我,我不负你。

③王君来时,我恰好有他事,不曾见他。

(二)把下列文言语句翻译成现代汉语,宾语前置句部分请用不同符号标注句子主干。(主语"____";谓语"____";宾语"～～～")

①父母爱我,不我责也。

②努力而不成功者，未之有也。

③事出意外，何从预防？

在有意义的课堂中开展"先行组织者"学习活动，有如下三种策略：

一是"陈述性组织者"。这种组织者中包含的较高抽象和概括的观念或上位观念是学生熟悉的，而其中涉及的概括化的新知识虽然抽象和概括性高于正式学习材料内容，但又低于学生熟知的上位观念。例如教学案例如果将教学定位为"学会文言文的特殊句式"，学生比较熟悉的特殊句式是"宾语前置句"，而学习材料除了"宾语前置句"，还有"判断句""省略句"等特殊句式，"陈述性组织者"可设计为"文言文句子的分解，包括句子的成分（主语、谓语、宾语、状语、定语、补语等）、位置的倒装（宾语前置句、定语后置句、状语后置句等）"。学生事先学习此类"陈述性组织者"，便将这些高度抽象概括化的观念移植进了认知结构之中，当学习具体的新材料时，认知结构中就有可资利用的"固定观念"。

二是"比较性组织者"。如果学生对新知识不完全陌生，新知识能够与认知结构中的适当观念联系，但新旧知识间的差别就可能被相似性所掩盖，使得学生在正式学习时可能将新旧知识混淆起来。例如教学案例中研讨的问题：疑问代词做宾语时，常常倒置在动词之前或介词之前。然而文言文中并不是所有疑问代词都参与宾语前置现象。不同疑问代词在句子中的位置有不同特点：如疑问代词"孰"字只能放在主语和介宾短语的宾语位置，不能放在宾语、定语位置；"何"字可以放在宾语、定语、介宾短语的宾语位置，但不作主语；"奚""安""恶""曷""胡""焉"都不放在主语、定语位置。为帮助学生事先分清新旧知识间的异同和相似，以增强新旧知识间的可辨别性，"比较性组织者"可以设计为"疑问代词在句子之中的用途：（一）主语，（二）谓语，（三）宾语，（四）定语，（五）状语五种"。

吾谁欺？欺天乎！（疑问代词作宾语，有前置）

神人佑我，我何惧焉！（疑问代词作宾语，有前置）

孰谓子产智？（疑问代词作主语，无宾语前置）

且焉置土石？（疑问代词作疑问副词，无宾语前置）

除了借鉴奥苏贝尔提出来的这两种"先行组织者"策略，还有一种比较简易、机械、具有强制性的知觉组织者手段，即通过语气加强法、韵律法、画线法、标题法等突出学习材料的某些部分，便于学生优先知觉。例如，画线法用不同形状的线条突出不同的学习内容；用不同形状的画线标注不同的句子成分，"<u>神人</u>佑我，<u>我</u>何惧焉！"；也可以用箭头等标志还原句子倒置的现象。知觉组织者有助于事实材料的学习，对于抽象和概括性较强的材料的学习作用不大，反而会分散学生注意力。经过教师的精心设计和适当采用，知觉组织者的"知觉优先"与陈述性和比较性组织者的"内容整合"相搭配才能统一发挥作用，共同促进课堂学习和效果保持。

小结　语文学习情境的"三位一体"

个人体验情境、社会生活情境和学科认知情境从学生、社会和知识三个维度揭示了语文学习情境的教学价值，为文言文教学的有效性奠定了基础。只有实现个人体验情境、社会生活情境和学科认知情境的三位一体，才能真正落实语文教学的完整性，为核心素养发展奠定坚实的教学论理据。语文教学的关键是"两个标尺和一个出发点"[1]。两根标尺是课程目标和教材，一个出发点是学情。课程目标是教学抵达的地方，教材是抵达目标的凭借，而学情是教学的起点。

学情是起点，知识是中介，社会是终点。语文学习的任务就是以学情为起点，让学生在真实学情的基础上展开学习，理解语言文字运用的规则并实现学以致用和用以成效，培养听说读写的语言文字运用能力，最终实现文化自信、语言运用、思维能力和审美创造的核心素养发展，落实立德树人根本任务。叶圣陶指出，语文学习需要理解知识和养成习惯，得到阅读和写作的知识，养成阅读和写作的习惯就是语文学习的目标所在。"知识不能凭空得

---

[1] 王尚文，等. 中学语文教学研究（2版）[M]. 北京：高等教育出版社，2012：91.

到，习惯不能凭空养成"，必须凭借语文教材实现。① 教材是语文知识的载体，是课程目标的落实，更是语文学习的材料。在语文教材的学习中凸显个人体验情境、社会生活情境和学科认知情境的三位一体，才能真正实现学生在知识理解过程中的核心素养发展，实现化知识为素养的学习情境价值。

---

① 叶圣陶. 叶圣陶语文教育论集 [M]. 北京：教育科学出版社，1980：3.

第二章　语文学习任务

  2017年颁布的《普通高中语文课程标准》率先建构了学习任务群的课程内容范式，将整个高中的语文学习细分为18个学习任务群，并对每一个学习任务群的目标、内容和实施提出了具体要求。2022年版《义务教育语文课程标准》延续了以语文学习任务群组织与呈现课程内容的理念，明确指出"设计语文学习任务，要围绕特定学习主题，确定具有内在逻辑关联的语文实践活动。语文学习任务群由相互关联的系列学习任务组成，共同指向学生的核心素养发展，具有情境性、实践性、综合性"。[1] 作为课程标准中的核心关键词，语文学习任务既有语文性，更有学习性。从学习角度来理解，学习任务源于加涅的"学习任务分析"，其教学设计中至少包括两种目标：一种是课程学习结束时应达到的目标，称为"终点目标"；一种是课程学习过程中必须达到的目标，因为它们是达到"终点目标"的前提条件，称之为"使能目标"。[2] "终点目标"即预期的学习结果。"学习任务分析"要求从预期学习结果出发，逆推学生达到该学习结果所需要理解的"教学内容"，明确学生"学什么"。从这个意义上讲，"设计语文学习任务"就是进行语文学习任务分析，基于教学目标选择适切性的教学内容，并在真实的学习情境中开展语文实践活动，最终培养综合性的语言文字运用能力以实现核心素养发展。

  语文学习任务是需要学生在真实的学习情境中完成"听说读写"的言语

---

[1]　中华人民共和国教育部. 义务教育课程方案（2022年版）[S]. 北京：北京师范大学出版社，2022：19.

[2]　加涅，等. 教学设计原理[M]. 皮连生，等，译. 上海：华东师范大学出版社，1999：150.

实践活动,最终培养"听说读写思"的语言文字运用能力。"真实性任务构建了一个包括真实目的、真实受众和真实约束在内的真实背景。因此,是评估的背景,而非任务本身,使学习任务变得真实;而所谓'真实',也不仅仅指任务基于表现或练习(实践)。"[1] 威金斯的观点直指问题核心,要求学生在真实的言语实践活动中培养语言文字运用能力,凸显了"学科实践"的课程改革纲领,将"死记硬背"的语文学习范式转变成情境性的言语实践活动,只要学生真正参与了"听说读写思"的语文实践活动,语言建构与运用、思维发展与提升、审美鉴赏与创造、文化传承与理解的核心素养发展就成为自然而然的结果。

第一节　言语交际
——以审美视角下的《答谢中书书》教学为例

现代语言学之父索绪尔对语言和言语进行了区分。他在那本著名的《普通语言学教程》中深刻地指出:语言是言语活动的一个确定的部分,而且当然是一个主要的部分。它既是言语机能的社会产物,又是社会集团为了使个人有可能行使这机能所采用的一整套必不可少的规约。而言语则是言语行为的个人部分:言语中没有任何东西是集体的;个人的和暂时的言语的行为都是许多特殊情况的总和。[2] 个人基于普适性的语言规则开展言语实践活动,产生个体性的言语作品,并通过言语作品不断丰富、完善普适性的语言规则,实现语言的创造性发展。语言和言语既有现实的差异性,更有本质的统整性。高中语文课标的"语言建构与运用"指向学生核心素养发展的个人性,其本质就是培养个体性的言语交际能力,即"发展在具体语言情境中正确有效地

---

[1] 麦克泰,威金斯. 理解为先单元教学设计实例:教师专业发展工具书[M]. 盛群力,等,译. 宁波:宁波出版社,2020:299.
[2] 索绪尔. 普通语言学教程[M]. 高名凯,译. 北京:商务印书馆,1980:30,41—42.

运用祖国语言文字进行交流沟通的能力"。在文言文教学中培养个体性的言语交际能力，不仅需要通过朗读让学生感知传统语言的精致和典雅，更需要透过语言文字深化"传统文化的认识和理解，增强传承、弘扬中华优秀传统文化的自信心、责任感"。

统编初中语文教材中山水游记类文言文的入选数量占据了文言文总数的相当部分比重。在教学中，山水游记类文言文的独特性多被教师们忽略，仅仅将其当作普通的文言文，采用传统教学方法，将游记作品教学肢解为字、词、句、篇的简单翻译，概括大意、总结情感，破坏了山水游记作品情景交融的特点，语文课堂因此变得机械僵硬，学生无法从优美的语言文字中体会到祖国的山川之美和作者饱含的思想情感，也不利于思维品质的培养。

《答谢中书书》教学课例以问题群设计一系列感知优美语言文字的学习活动，通过语言文字的体悟实现思维发展和审美，最终在文化传承中培植文化自信心。问题群教学模式与主问题密不可分，通常需要先根据课文重难点提出一个统领全文、贯穿整课的主问题，再围绕主问题提出若干个具有内在关联性和极强逻辑性的问题群，形成"以主问题为核心、子问题为支架的结构化问题组合"[①]。与教师在逐段圈勾批注的阅读过程中所提出的零碎问题不同，这种方式能让"文本""读者""问题群""作者"之间有效地关联起来，产生化学反应般的审美感受，实现主体深度参与的情感驱动和深度思考的思维进阶，提升学生问题解决的关键能力。

课例围绕"品味文言之美"这一主问题，按照"读出韵律之美—品味意境之美—寄托情志之美—传递诗意之美"进行层层推进的听说读写的言语实践活动，充分发挥学生的联想与想象，深入体味作者的情怀，充分展示了平时的阅读积累、生活体验和审美素养，甚至还重新点亮学生内心对诗意的追寻。

---

① 顾晓东. 促进深度学习的问题群设计策略［J］. 基础教育课程，2021（21）：36—41.

【课例呈现】

审美视角下的《答谢中书书》教学

[导学目标]

《答谢中书书》选自统编本语文教材八年级上册第三单元《短文二篇》。本文是南朝齐梁间道教思想家陶弘景写给朋友谢中书的书信中的一部分，一般认为全文今已无存，流传下来的只有这一段描绘山水的锦绣文字。文章骈散结合，清丽明净，虽短而含韵不尽。本单元的学习目标是"反复诵读，借助联想与想象，进入诗文的意境，感受山川风物之灵秀，体会作者寄寓其中的情怀"。

[课前预习]

课前布置预习《答谢中书书》，结合文下注释自行翻译，遇到不熟悉的字词自查字典、翻阅资料。关注课后习题，进行自主思考探究和积累拓展。

[教学过程]

一、朗读课文，读出韵律之美

（PPT 展示）

答谢中书书

陶弘景

　　山川之美，古来共谈。高峰入云，清流见底。两岸石壁，五色交辉。青林翠竹，四时俱备。晓雾将歇，猿鸟乱鸣；夕日欲颓，沉鳞竞跃。实是欲界之仙都。自康乐以来，未复有能与其奇者。

1. 读准确

歇（消散）　　颓（tuí，坠落）　　沉鳞（水中潜游的鱼）

欲界（人间）　　仙都（仙境）　　与（参与，欣赏，领悟）

2. 读整齐

提示方法：文章句子整齐，四字词语主要是二三节拍，有些句子有领起字，用"——"短暂拖音一下。先用铅笔标示节奏再读。

山川/之美，古来/共谈。高峰/入云，清流/见底。两岸/石壁，五色/交辉。青林/翠竹，四时/俱备。晓雾/将歇，猿鸟/乱鸣；夕日/欲颓，沉鳞/竞跃。实是——/欲界之仙都。自——/康乐/以来，未复有——/能与其奇者。

3. 读出韵味

提示方法：诗有诗眼，文有文眼。文眼往往确定文章的中心内容，本文的文眼是"山川之美"。写山川之美，就得读出风景的味道。壮美宏大之景常常要加点儿延长音重读，比如"入云""见底""交辉""俱备"和"夕日"。后面几句，"将歇"要读轻缓，"乱鸣"要读轻柔，"竞跃"要欢快地重读。

二、品味意境之美

1. 朗读课文，感受景物

在朗读想象文中呈现哪些景物？

预设：入云的高山，见底的清流，五色的石壁，青翠的竹林，将歇的晓雾，欲颓的夕阳，竞跃的鱼群。

2. 调动感官，展开联想

配乐朗读：听到什么，闻到什么，触到什么？

预设：听到凄厉悲凉的猿啼，婉转动听的鸟鸣……闻到早晨山林间清凉温润的雾气，闻到百花深处酝酿的芬芳……触到清冽的溪水、冰冷的石壁、从山谷刮来的寒风……

（PPT展示）学生讨论

问题："猿鸟乱鸣"中的"乱鸣"能够改为"齐鸣"吗？二者在表情达意上有何区别？

【参考答案】"乱鸣"是自由地鸣叫，"乱"更能显示出山林蓬勃的活力，这里以动写静，动静结合，使文章意趣盎然。

3. 升格写作，描绘美景

用有诗意的句子描绘：山川无言而有大美。注意视角、距离、时间、感官等变换，综合运用多种手法来写。

示例：

"高峰入云"：抬头看，远方那高峻巍峨的大山直插云霄，静静地向你昭显山的威严。

"清流见底"：低头瞧，脚边那涓涓流淌的小溪清澈见底，柔柔地对你展示水的纯洁。

……

三、寄托情志之美

文章语言如诗，风景如画，可本文并非陶弘景纯粹的描山绘水之作。因为这篇文章的标题是《答谢中书书》，是陶弘景写给谢中书的一封回信。标题中的"书"指什么呢？

书：书信，古人的书信又叫"尺牍"或"信札"，是一种应用性文体，多记事陈情。所以他要在文中抒发自己的情感，这个句子就是："自康乐以来，未复有能与其奇者。"

1. 思考探究：能将"与"改为"赏"吗？请结合资料思考。

（PPT展示）有我之境，以我观物，故物皆著我之色彩。无我之境，以物观物，故不知何者为我，何者为物。——王国维《人间词话》

2. 知人论世

陶弘景生于世家望族，自幼受到良好的教育，17岁时就入朝为官，在朝廷任职20年。后来辅佐梁武帝，当了宰相。37岁这年，陶弘景辞官，隐居山林，人称"山中宰相"。梁武帝很感激陶弘景给予的有力支持，亲笔写了一份情真意切的御书问"山中何所有，卿何恋而不返"，盼望陶弘景出山辅政，重回朝廷。然而，徜徉于大自然怀抱之中，并为道家仙风所陶醉的陶弘景，接到诏书后，深思良久，下定了不出山的决心。提笔写下"山中何所有？岭上多白云。只可自怡悦，不堪持赠君"。

只有这样一个淡泊名利，厌倦官场，热爱自然，寄情山水的人，才是一个真正的"与其奇者"。

3. 共谈山水

作者在文中寄寓了遁形于山林、崇尚自由与宁静的山水情怀！而"山川之美，古来共谈"，纵观历史，还有哪些人能与陶弘景共谈山水、"与其奇"呢？

谢灵运——"池塘生春草，园柳变鸣禽。"

陶渊明——"采菊东篱下，悠然见南山。"

王　维——"深林人不知，明月来相照。"

林　逋——"疏影横斜水清浅，暗香浮动月黄昏。"

四、传递诗意之美

山水之间充满光彩与自由，我们的心灵可以遨游其间，驰骋万里，不再有尘世的纷扰。此时此刻，让我们跟随陶弘景的步伐，"与其奇"！

试一试将本文改为现代诗。

示例：

　　　　无处不在的欲界仙都

抬头望去，它是浩瀚无垠的青天

低头望去，它是泉水中快活的鱼儿

向远方望去，它是烈火般的夕阳

向四周望去，它是竹林中如梦幻如泡影的

朦胧雾气

细细地听，它是猿鸟自由的鸣叫

细细地闻，它混着泥土与青草的芳香

五、课后作业

1. 将本文改写为一首现代诗。
2. 课外预习《与朱元思书》。

【课例观察】

上一章指出，"文言"只是学习文言文的手段，需要通过"文言"的中介作用实现对"文章""文学"和"文化"的感悟和理解。基于言语交际的文言文学习需要通过对"文言"的朗读，感悟文言文的节奏感和韵律感，体悟语言文字之美，这也是传统诵读的基本要求："读书千遍，其义自见，谓熟读则不待解说，自晓其义也。"所以，黎锦熙在《新著国语教学法》中指出，"诵读就是儿童将声音与意义结合的一种'发表'"。为了实现这一要求，需要

"练习论理的读法——注意词类和句读的断续和轻重；要表现文学的意味和兴趣，就要练习审美的读法——注意声情的抑扬抗坠。"① 通过诵读，可感知文本的情感基调，实现对文本意蕴、思想情感的全面把握。

诵读文章，要读懂文章的语言节奏。清代桐城派作家刘大櫆认为，古人最重视的一种阅读方法叫"因声求气"。其中"声"指音调、平仄、押韵、节奏，"气"指情感、气势。"因声求气"就是通过感受诗文语言的音调、平仄、押韵、节奏来把握作品的内蕴。"因声求气"本质上强调借助诵读，来明晰和体悟作品的思想情意和语言节奏。老师巧妙运用"读"的方法带领学生把握情感基调和语言节奏。一是读准确。教学案例一开始设置"读"的环节，要求读准字音；二是读整齐。这篇文章虽是有骈有散，但以骈为主，这种骈文的特色是行偶、四六句法，常用典。因此，梳理字义、朗读整齐也是"读"文必不可少的环节；三是读韵味。教学案例强调对文字节奏、语气轻重的把握。在节奏把握中有感情有韵味的诵读才得以慢慢铺开，在诵读中慢慢明晰文章的感情基调——"生机勃发"。采用老师提示的诵读法诵读，自然会沿着文本本意往下阅读，甚至读出许多隐藏的文本信息，在诵读中品咂出文本的深意。

读懂文章，要读懂文章的语言特点。语言是思维表达的载体，是思想交流和表达的工具。思维能力的培养需要对文字进行沉浸式体悟。教学案例在教学过程中布置"入境体验"活动：在朗读想象文中呈现哪些景物，让学生想象景物的特征，如高耸入云的山峰、交相辉映的山色、自由自在的猿鸣、生机勃发的沉鱼等。从这些形容景物特征的词语组合成词语群，就不难发现文章的情感基调——生机勃勃。在整体感知情感基调的前提下对文中各种具体而微的细节描写产生深入的审美体验，有利于借助语言文字的感悟培养语言文字运用能力。

读懂文章，要读懂文章的修辞特点。修辞立其诚。文字需要揭示客观事物的本质规律才能够感动人心。传统文言文特别强调使用准确、精练的语言增强表达的美感和感染力。我们对文言文的学习自然需要理解文章的修辞特点，这也是文章学习的内在要求。教学案例要求学生想象这篇从美文中听到

---

① 黎泽渝，等. 黎锦熙语文教育论著选［M］. 北京：人民教育出版社，1996：441.

什么，闻到什么，触到什么，其实是让学生明了这篇文章叙写角度的多角度多层次的变换——高与低、点与面、晓与夕、静态与动态、视觉与听觉、描写与抒情，等等，接着扩写文中景物描写的句子，既有生动形象的描写，又有前后逻辑的谨严推断。借助这个扩写，既训练了感性思维，又训练了理性思维。此处的情景交融已经兼具情理融合的妙处。在教学案例最后一个环节要求联系所学过的古诗文体会哪些人可以"与其奇"，这种打破时空界限的题型需要思辨认知，调动阅读积累，连缀组元，形成更加整体性的体验，在关联之中做到群文阅读。

读懂文章，要读懂文章的文体特征。准确辨识文体类别，依循文体特征开展教学可以更好地实现文章的教学价值。阅读是一种文体思维，不同文章需要采用不同的阅读方法。古人提倡的"以诗解诗"，是指按照诗本身的艺术规律来鉴赏诗，用诗人的心态、诗人的眼光来读诗。同理，品读古代山水游记作品时，也应抓住古典散文的文体特色，深入到情景交融的内部进行探索。一方面沿文字特点去寻找文章"生气勃发"的意境，如通过比较猿鸟"乱鸣"与"齐鸣"在表情达意上的不同效果真切感受作者的独特情意，让学生知道描写了哪些景物，每个景物特有的修饰词，以及景物之间描写角度的变化，最后让学生通过改写诗歌实现言语交际能力的培养。诗歌改写的任务不仅体现了跨文体阅读的特质，更是语言文字运用的典范。另一方面通过"书"的文体要求引导学生关注书信的交际语境：写信者陶弘景本人的志向追求，文中流露的情感——与陶弘景共"与其奇"的人是谁。当然，从文言文的高质量教学要求来说，还可以进一步链接收信人——谢中书的相关情况，由于这是一封节选的书信，可进一步推想陶弘景回复谢中书信件的核心内容，等等。借助书信写作的学习要素才能更好地读懂陶弘景的志趣。

【教学探讨】

以上分析重点解读了《答谢中书书》这个教学案例的优点。下面针对这堂课的薄弱环节，提几点建议：

一、保证学生深度思考的时间

初中语文统编教材中每个单元都明确了核心任务，且每个单元的核心任务一般不超过四条——这是为了保证每个单元能有充裕时间进行深度学习，而不是走马观花、浅尝辄止。因此，细分到每篇文本的核心任务就更少了；每篇课文的教学点一般不宜过多。显然，这个教学案例出现"读出韵律之美""品味意境之美""寄托情志之美""传递诗意之美"等四个教学点。由于点太多，在引导学生进行各种鉴赏时难免匆匆而过，缺少充裕时间和深入沉淀。建议删减第4个"改写"的教学点，尽管这个教学环节有存在的价值，但从教学时间的角度来说，使教学案例聚焦在阅读上有现实的合理性，只有阅读时间更充裕，学生的自主学习和深度学习才能得到更大程度的保证。留下来的三个环节从"文言"入手体会"文章"之美，最后体会"书"中情志之美。为了更好地理解这一点，可以补充以下材料让学生深度思考作者在不同文本中所体现出来的价值观的异同。

答赵英才书

子架学区中，飞才甸外，不宜扫门觅仕，复懒弹铗求通，故偃寒园巷，从容郊邑，昔所谓忧宾者，此其是乎！岩下鄙人，守一介之志，非敢蔑荣嗤俗，自致云霞，盖任性灵而直往，保无用以得闲，垄薪井汲，乐有余欢，切松煮术，此外何务。然亦以天地栋宇，万物同于一化，死生善恶，未之能闻。

——王京州校注《陶弘景集校注》

二、凸显文本最显著的情感特征

文学即人学。作家的使命是把个体情感移入客观事物而赋予其生命，使客观事物主观化、情趣化，增强客观事物的艺术感染力。情感性是文学的本质特征，文学通过情感表达实现以情动人，产生情感交流和共鸣。本单元以"山川之美"人文主题组元，所选散文《三峡》《记承天寺夜游》《与朱元思书》等篇章，都是精美的写景短文，都是借景抒情的经典篇章。这些短文各有其最大的价值点，也各有其最显著的特征。因此，在将"如何欣赏山川之美"确立为本单元学习的主任务之后，需要基于主任务进行针对性的任务分解，根据不同文章的内在特征，引领学生对各篇的"独特性"进行必要的体认和学习。

具体而言，《答谢中书书》一文，作者寄寓的核心情感是遁形于山林、崇尚自由宁静的山水情怀，这种情适合与生机勃发、自由自在的山川之美相融合，这一显著情感特征和景物特征应当贯穿教学设计的整个过程，如因声求气要读出生机勃发、自由自在的节奏，景物描绘的落脚点是万物自由、生机勃勃之感，知人论世体悟作者的内心世界也要与之关联，甚至课后作业的设计也要紧紧围绕这一核心情感特征，比如作业设计的第一道题应当限定学生聚焦"生机勃发"的情感氛围写一首山水类现代诗；第二道题也不能简单预习下一节课的文言文内容，而应当借助教材的课后作业提示，让本文与《记承天寺夜游》形成从语言特点到情感内容的比较阅读。

三、借助"意象"的加工与组合

散文高度个人化的言说对象和言说方式，表现作者眼里的景和物、心中的人和事，是要与读者分享一己之感、一己之思。散文并不是对事实或经验原型的直接呈现，而是要经过语言文字的转化和加工。朱自清指出："只注重思想而忽略训练，所获得的思想必是浮光掠影。因为思想也就存在语汇、字句、篇章、声调里，中学生读书而只取思想，那便是将书中的话用他们自己原有的语汇等重记下来，一定是相去很远的变形。这种变形必失去原来思想的精彩而只存其轮廓，没有什么用处。"① 这就意味着，我们阅读散文的时候需要深度揣摩散文的"意象"，体会语言文字背后传达的独特的人生经验，感受、体验"这一篇"散文的语句章法传达的丰富乃至复杂、细腻乃至细微的"情感"。一般来说，理解散文"意象"的路径有两个：一个是增加修饰语；一个是在事物间建立关联。

（一）增加修饰语。增加修饰语主要是指在客观物象前面增加修饰语，使其化为带有作者联想想象的、赋有内心情怀的主观意象。修饰语既可以是指物体或物象的外在形态，如"高峰""清流"；也可以是写作者的内在情绪，如"乱鸣""竞跃"。同一物象"猿鸟"加上不同的修饰语，所表达的情感不同。可见修饰语的运用对情意表达十分重要。

（二）在事物间建立关联。两个本不搭界的事物，一旦找到一点关联，就会使读者觉得既陌生又新鲜，感到有新意。如"乱鸣"的状态，初步判定是鸟儿杂乱地鸣叫，似乎破坏了整篇文章的意境，但深处多想一步，就能意识

---

① 朱自清.《文心》序[A]. 刘国正主编. 中国近现代名家作文论[M]. 郑州：文心出版社，1992：1101.

到彼此的关联——鸟儿各叫各的，声音不那么整齐，反而凸显了鸟儿的自由自在。山高耸入云，两岸石壁，晓雾将歇，这些意象群组合成一个与世隔绝的情境，这种意象群营造出来的情景氛围，使得山川与本不搭界的"欲界""仙都"产生了关联，形成了一个相互支撑、相互烘托、浑然一体的作者心中的"意象世界"。

  作为文体的基本要素，古典散文的意象与古代诗歌的意象有相同之处，同时也有自己的特点。诗歌的意象比较凝练，其思维的跳跃性要大一些；散文的意象借助虚实的叙写，看似零散，实是多重组合的画面，其思维的跳跃性要平缓些。诗歌的意象比较含蓄朦胧，散文的意象相对明确浅显些。如果能将本文与题材相同而文体不同的诗歌进行比较阅读，就能让学生更好地体会散文意象的组构方式。因此，散文作为形象思维的艺术，是散文家把思维中的形象借文字呈现出来的结果。在散文写作教学中，主题的选择与确定、想象的展开与判断、意象的加工与组合是引导学生进入散文写作之门时要特别关注的。

第二节 逻辑思维
——以基于文言材料的辩词写作教学为例

  美国心理生物学家斯佩里博士提出"左右脑分工理论"而荣获诺贝尔奖。[①] 正常人的左右脑分工不同：左脑感受、控制右边身体，负责逻辑理解、逻辑推理等，思维方式具有连续性、分析性特征，称为"意识脑"；右脑感受、控制左边身体，负责空间形象记忆、直觉顿悟、情感想象等，思维方式具有跳跃性、直觉性等特征，称为"艺术脑"。左脑聚焦逻辑思维，右脑聚焦形象思维，左右脑的协同作用实现思维能力的完整性和审美创造的独特性。数学家彭家勒的观点揭示了逻辑思维和形象思维统整的重要性："逻辑可以告

---

① 张尧官. 脑研究之"明星"——罗杰·斯佩里 [J]. 医学与哲学，1982（10）：35—38.

诉我们走这条路或那条路保证不遇见任何障碍，但是它不能告诉我们哪一条路能引导我们到达目的地。为此，必须从远处审视目标，教导我们了望的本领是直觉。没有直觉，数学家便会像这样一个作家：他只是按照语法写诗，但是却毫无思想。"① 为了论述需要，本节我们重点阐述语文学习中的逻辑思维能力培养，下一节我们将视角转向形象思维。

按照皮亚杰的发生认识论原理，人的思维发展存在阶段性和差异性特征。② 个体生下来的时候形象思维发展水平显著高于逻辑思维。随着时间的推移，逻辑思维的发展水平越来越高。直到12岁开始，儿童的逻辑思维能力的发展水平大致与形象思维相当，越到后面逻辑思维发展水平越快，从而越来越成熟而体现出人的社会性。逻辑思维以抽象概括的方法认识客观世界，揭示客观规律，准确认识世界内在结构和性能特征，体现概念确定性和逻辑清晰性。思维的逻辑性与语言表达的结构性和意义的抽象性一脉相承，通过结构化的语言表达人对客观世界的抽象认知，凸显人、事、物之间的关联性，体现判断、推理的逻辑思维过程。所以，《普通高中语文课程标准》（2017年版）的"课程目标"第5条指出：能够辨识、分析、比较、归纳和概括基本的语言现象和文学现象，并能有理有据地表达自己的观点和阐述自己的发现；运用基本的语言规律和逻辑规则，判别语言运用的正误，准确、生动、有逻辑地表达自己的认识；运用批判性思维审视语言文字作品，探究和发现语言现象和文学现象，形成自己对语言和文学的认识。

逻辑思维是将感性认识提升为理性认识，运用概念、判断、推理等思维类型反映事物本质与规律的认识过程，是高级思维的表现形式。培养逻辑思维能力是语文学习的重中之重，更是提升思维品质的敏捷性、深刻性、灵活性、批判性、独创性的本质要求。近年来，语文高考等选拔性考试都将逻辑思维能力测评作为重要的能力进行检测，高中语文课标的"学业质量"就对逻辑思维能力进行了详细阐述：能清晰地解释文本中事实、材料与观点、推断之间的关系，分析其推论的合理性，或揭示其可能存在的矛盾、模糊或故意混乱之处等；能依据多个信息来源，对文本信息、观点的真实性、可靠性

---

① 转引自李醒民. 彭家勒科学方法论的特色 [J]. 哲学研究. 1984（5）：37—44.
② 皮亚杰. 儿童心理学 [M]. 吴福元，译. 北京：商务印书馆，1980：114—115.

作出自己的判断,并逻辑清晰地阐明自己的依据;能从多篇文本或一组信息材料中发现新的关联,推断、整合出新的信息或解决问题的策略、程序和方法,并运用于解决自己学习和生活中遇到的相关问题。

阅读的能力包括以下几项:认知能力、筛选能力、阐释能力、组合能力、鉴赏评价创造能力。新高考之前的文言文阅读能力的考查主要侧重认知能力、筛选能力,涉及阐释能力和组合能力中部分低阶能力的考查,至于鉴赏评价创造能力基本上不涉及;新高考之后的文言文阅读能力的考查逐步加强阐释能力中较为复杂思维过程的推理能力和组合能力中的综合归纳调整能力的考查,并逐步开发适合考查鉴赏评价创造能力的新题型。新高考的变化必然对中学文言文教学有极强的导向作用,指向逻辑思维、批判性思维的文言文阅读理解将成为教师课堂教学的必要环节,如何在课堂上有效落实文言文"思辨性阅读与表达"已成为一线教师迫切需要解决的难题。

辩词写作在训练学生的思辨能力、提升学生言语素养等方面具有很高的教学价值。"学写辩词"的教学案例为逻辑思维教学进行了可贵探索:先以《六国论》为例回顾教材里的辩词,通过苏洵雄奇纵放的辩词风格感受辩词魅力;接着以《韩非子·内储说》为触发点,借助大厨通过巧妙的辩驳来说服晋文公的故事建构起辩护对象、辩护策略、辩护语言等辩词写作框架;最后通过衔接教材《烛之武退秦师》巧妙设计辩护的历史情境来强化辩词写作。

【课例呈现】

基于文言材料的辩词写作教学

材料一

六国破灭,非兵不利,战不善,弊在赂秦。赂秦而力亏,破灭之道也。或曰:六国互丧,率赂秦耶?曰:不赂者以赂者丧。盖失强援,不能独完。故曰:弊在赂秦也。

——摘自苏洵《六国论》

问题一:材料一是课文里的辩词。苏洵认为六国灭亡的主要原因在于贿赂秦国。有人反驳:六国相继灭亡,难道都因为贿赂秦国?这个观点有事实依据吗?

史实：齐国没有贿赂秦国，燕国和赵国不仅没有贿赂秦国，还坚持对秦国用武。

问题二：苏洵辩驳不贿赂的国家也因别国赂秦而灭亡。理由是不贿赂的国家失去了其他国家强有力的支援，不能独自保全。最终灭亡的责任主要由赂秦的国家负责。理解他的辩护策略。

预设：苏洵善于从别人可能反驳自己的方面着想，把不利于论点变为有利于论点。

材料二

文公之时，宰臣上炙而发绕之。文公召宰人而谯之曰："女欲寡人之哽耶，奚以发绕炙？"宰人顿首再拜，请曰："臣有死罪三：援砺砥刀，利犹干将也，切肉肉断而发不断，臣之罪一也；援锥贯脔而不见发，臣之罪二也；奉炽炉炭，肉尽赤红，炙熟而发不烧，臣之罪三也。堂下得无微疾臣者乎？"公曰：'善'。"乃召其堂下而谯之，果然，乃诛之。

——摘自《韩非子·内储说》

问题一：材料二中大厨通过巧妙辩护说服晋文公，证明自身清白，保全性命。请阅读大厨的观点及辩护理由，说说他是如何说服晋文公的。

预设：大厨顺着晋文公的脾气，先承认自己有罪，采用逆向思维方法。如果正面与晋文公"硬杠"，反而容易激化矛盾。逆向思维在第一时间打乱晋文公的节奏，保全晋文公权威的同时为辩护争取时间和主动权。

问题二：大厨辩护的三条罪状顺序可否颠倒？属于什么策略？

预设：不能颠倒。大厨的三条罪状是指烤肉过程：切肉，穿肉，烤肉。这三个步骤都是很用心地在做，其实是在委婉告诉晋文公，制作肉串的每一个环节他都能发现头发、消灭头发。但最终肉串上仍有头发，最大可能是有人栽赃。大厨承认有罪是通过暴露矛盾为自己辩解，但为了顾全晋文公的面子没有说破。这属于"移花接木"法。

问题三：在语言表达上，大厨的辩护过程有哪些特点？

预设：1. 大厨用"罪一、罪二、罪三"等标志性词语指明顺序，辩护思路很清晰。（晓之以理）2. 大厨用"援砺砥刀""援锥贯脔""奉炽炉炭"等细节描写词语，让晋文公感觉自己做事特别认真仔细，赢得晋文公和其他客人好感。(动之以情) 3. 大厨多次自称"臣"，有两个作用：一是表明了大厨臣子身份；二是拉近与晋文公的君臣关系，有利于取得晋文公信任。(增进情感)

【"学写辩词"的基本框架】

1. 材料一中苏洵提前预判别人可能反驳自己的观点进行正面辩护；

2. 材料二中大厨面对晋文公责难，采用逆向辩护更适合当时情境；

3. 语言特点：逻辑性标记的词语、表明态度的词语、称呼语标记的词语等。

【作业设计】

1. 假如你是晋国使者，又恰好在烛之武劝谏秦伯（秦穆公）的现场，你该怎样为自己辩护以说服秦穆公呢？

2. 请你从秦穆公能否接受的角度评价这个辩护，看看下列所选的"学生范文"是否达到说服秦穆公的目的。

3. 结合上述《烛之武退秦师》《韩非子·内储说》的事例以及语文实践活动中的辩论稿，尝试制作一张指导同学学写辩护词的思维图。

[教材链接]

夜缒而出，(烛之武)见秦伯，曰："秦、晋围郑，郑既知亡矣。若亡郑而有益于君，敢以烦执事。越国以鄙远，君知其难也。焉用亡郑以陪邻？邻之厚，君之薄也。若舍郑以为东道主，行李之往来，共其乏困，君亦无所害。且君尝为晋君赐矣，许君焦、瑕，朝济而夕设版焉，君之所知也。夫晋，何厌之有？既东封郑，又欲肆其西封，若不阙秦，将焉取之？阙秦以利晋，唯君图之。"秦伯说，与郑人盟。

[学生例文]

从利益的角度讲，您与晋国关系亲密，是同盟国家，在围攻之势已成的情况下退兵，不仅得不到即将在郑国谋取的利益，还会丧失晋国这个实力强于郑国且与您同盟的国家的信任，而且郑国许诺的好处不过是空头支票。且不说与郑国交好之利,能否大于与晋国交恶之弊,单从郑国贰属于楚国,此时又来挑拨秦晋关系来看,就能知道郑国是个没有廉耻和信誉的国家。如果您此时退兵,郑国极有可能翻脸不认人,因此选择郑国是不明智的。

从道德角度讲,您与晋国结了姻亲,却在此时背弃晋国,此为不仁;与晋国结盟又背弃晋国,此为不信;师出有名且已兵临城下,却退兵,此为不勇;受外人挑拨而怀疑盟友姻亲,此为多疑。想必您不会是这不明智、不仁、不信、不勇,还多疑的国君吧。

【课例观察】

人的生命活动与其置身于其中的环境交互作用,体现人的全部本质力量的自由创造和自我实现历程,否则,环境就会成为压迫人的异己力量。所以,马克思提出要改变环境和人自身,就必须实现"环境的改变和人的活动的一致",它是人的全面发展的基础。这就意味着,语文学习过程中所设计各种的"情境"不仅需要激活"逻辑思维"和"形象思维"功能的左右半脑,同时也要激活处于大脑深层结构中的"社会脑"。这种有明确的意图和方向性的"情境",可牵引学生的脑神经朝着特定的方向运动,并不断勾连成良好的神经网络,丰富和完善学生的思维图式,提高逻辑思维能力和创造性思维能力。

辩论是在一定的情境中发生的,脱离了有明确意图和方向性的具体情境,也就无法理解辩论。正因如此,情境对于辩词的逻辑思维训练极为重要。人的自我意识、场景记忆、他心想象共生演化的"情境"可以是正在发生的真实情境,也可以是真实案例的再现情境,还可以是根据需要设计的拟真情境。教学案例逐层引导学习发现"学写辩词"的几个学习要素,诸如辩护的情境、辩护的策略、辩护的语言等,这些学习要素是建立在《韩非子·内储说》选文充分理解的基础之上。如果能通过一些教学技术加深对大厨辩护情境的理解会更好:加深对文言重要字词的理解,如"发绕之"的"绕"字的字义,"顿首再拜"的姿态、"砥""贯""奉"的动作;通过课本剧的表演,重点展现晋文公与大厨的动作与神态;补充文言选段省略处的文字,如"堂下得无微疾臣者乎"这句话显得有点突兀,让学生补充恰当文字使整段文意完整严密。

本案例在作业设计中设置了二重的历史情境：一是课文烛之武退秦师的历史情境再现，二是让晋国使者出现在烛之武退秦师的现场，这种二重历史情境的巧妙设置，使得烛之武和晋国使者之间的辩护充满张力，既可以重新打开学生的历史经验，也可以激发学生对课文深度学习的兴趣。与此同时，还通过学生范文的现实情境实现对历史情境重构，凸显了历史情境和现实情境的融合。当然，在文言文设计历史情境类辩护场景，不仅需要辩护学生具有宽广深厚的历史素养，自觉查阅相关历史文献的能力，还需要听取辩论会的同学通晓战国时期的历史背景，这对日常教学中教师教学课时短、学生知识储备少的现状构成了挑战。

一节课的教学内容分为核心教学内容、辅助教学内容。核心教学内容是一节课的中心内容，辅助教学内容是服从、服务于核心教学内容的。本节课堂的核心教学内容是"学写辩词"，无论是苏洵的案例还是大厨的案例都明确指向"学写辩词"这一核心任务，无论是课堂教学还是课后作业设计均为"学写辩词"这一核心要点服务。当然教学环节还有调整的空间，比如苏洵的案例是正向辩护，大厨的案例是逆向辩护，逆向辩护的优点总结得很到位，大开大合、不容置疑的正向辩护的特点也可以与之进行比较，从而加深对辩护策略的理解。课后第 3 项作业制作"学写辩词"的思维图，如果能调整到讲解完苏洵和大厨的案例之后，也就是说在案例分析之后帮助学生建构好这一思维图，不仅可以总结巩固案例讨论的学习成果，还可以让学生在课后利用这一思维图，比照思维图的各项指标改进其他两项课后作业的辩词写作，构建好"学写辩词"的学习要素。再比如课后作业设计的第 2 项作业，"学生范文"的使用大有讲究：范文第一段文字表达兼顾了辩护情境、辩护目的等"学写辩词"的学习要素，范文第二段文字表达，气势逼人，文字对仗，但显然忽略了说话辩护对象——秦穆公的感受，学生对照"学写辩词"的学习要素，就可以自行判断此段是很不恰当的。由此可见课后的"学生范文"虽是辅助教学内容，但对"学写辩词"学习要素具有交流讨论的教学价值。

【教学探讨】

《义务教育语文课程标准（2022 年版）》"思辨性阅读与表达"学习任务

群明确提出:"引导学生在语文实践活动中,通过阅读、比较、推断、质疑、讨论等方式,梳理观点、事实与材料及其关系;辨析态度与立场,辨别是非、善恶、美丑,保持好奇心和求知欲,养成勤学好问的习惯;负责任、有中心、有条理、重证据地表达,培养理性思维和理性精神。"由此可知,学写辩词是训练学生思辨性表达的一种好方法,有助于有效达成课标关于"思辨性阅读与表达"的课程目标。如何备好"学写辩词"的课呢?

一是学习古今辩词的经典案例。《左传》《国语》《史记》等保存了大量精彩辩论的案例,留下了大量精彩的辩词。历史文献中的辩词包含着中国人的辩论智慧,对今天具有重要的启示作用。教学课例中所选《韩非子》的历史文献给我们提供了古为今用的辩论素材。学生日常语文实践活动中会经历各种级别的辩论赛,这种班级、校级的辩论赛是广泛进行思维训练、是非论辩的教育方式。这种贴近学习经验的语文实践活动具有任务驱动、情境鲜活的特点,让学生勇于乐于参与辩论赛辩词的写作。

二是重视辩词的情境设计。课后作业设计的第一道试题:假如你是晋国使者,又恰好在烛之武劝谏秦伯(秦穆公)的现场,你该怎样为自己辩护以说服秦穆公呢?这种历史情境对于锻炼学生的思辨能力颇有益处。然而,高质量的攻防辩论需要知晓的历史背景知识更宽广更深厚,历史素养不足的学生不好参与进来。解决历史背景知识不足的难题,可将辩护的历史场景设计成日常辩论赛的情境。由于日常辩论中会有多轮辩论的攻防转换,可以更充分体现质证过程。本章作业设计如果可以设置现场辩论会场景来考查学生,就能更好检测学生是否学会辩护词的学习要素。以下就是一个模仿辩论赛的作业设计:

假设你班开辩论会,一方的观点是"过程更能体现青年人奋斗的价值",一方的观点是"结果更能体现青年人奋斗的价值"。

请你选定一方,写一篇发言稿参加辩论。

要求:①写成发言稿或议论文都可以;②观点正确,论据充分,表述清楚,论辩得体;③不得泄露考生、学校、班级等有关信息;④不少于800字。

三是重视评价量表来促进学生学习。教学案例在课后要求制作思维图,有帮助学生梳理学写辩词写作思路的意图,但这一学习要素构建需要老师的权威提示与有效辅助。在课堂上构建"学写辩词"的学习要素图,不仅可以直观呈现两个案例的学习元素,而且方便学生在课后写作中进行元素对照。一方面,"学写辩词"评价量表是辩词写作的定海神针,让学生有规可循。写作过程中可以依照评价量表中的学习元素,检查所写作业是否体现相关内容。另一方面,辩词写作完成之后可对照"学写辩词"评价量表中的学习元素,反思写作并自我修订,这样的评价量表具备了教学支架作用,减省了老师课后辅导的负担,也促进了课后的自主学习。

[附]

"学写辩词"的学习要素

要素	一级指标	二级指标
辩护目的	为什么而辩,说服他人,使对方认同自己的观点或行为,最终维护辩护利益	具体情境里论辩目的各不相同,辩护者会根据自己的利益诉求予以确立。
辩护情境	辩护情境,指的是在何种情境下发生与展开辩护的,其中涉及两个主要方面:场合与对象	场合是辩护发生的外在环境,不同场合对辩护产生不同影响。对象不仅包括辩护中要说服的人,还包括相关利益者,或虽无相关利益但会产生影响的旁观者。
论辩观点	辩护核心是为了证明论辩观点正确。如果辩点错误或者不牢固,将会失去整场辩论	正向立论是直接确立自己认为正确、所坚持的观点。反向立论是运用逆向思维,以退为进地确立观点,最终通过辩论证明观点的荒谬性,树立自己的观点。
辩疑过程	辩护方出示证据,质疑方辨认、质疑证据,辩护方解释反驳,直至确认事实、明辨是非	常见辩疑技巧,如过程还原、移花接木、逐一质证等,以增强质证效果。
辩词语言	辩词语言具有逻辑性、严谨性、情境性等特征	逻辑性要求语言条理清晰地呈现观点与论据,环环相扣、层层深入地展开论证。严谨性要求语言表意精准、严丝合缝,无懈可击。情境性要求语言适应当时的场景,在特定情境中发挥出最佳效果。

第三节　形象思维
——以《鸿门宴》语言赏析的片段教学为例

　　美国课程论专家多尔指出："科学与美学领域同时存在，任何一方都没有凌驾于另一方之上，但双方都有各自不同的历史或方法论。在我看来，后现代主义的这两种趋势彼此之间是互补的。实际上，具有创造性和转变性的课程必须将科学与美学相结合。"① 核心素养时代的课程改革需要实现科学与审美的融合，不仅契合左右脑分工和合作的生理学依据，更揭示了逻辑思维和形象思维协同发展的学习心理学本质。

　　车尔尼雪夫斯基指出，形象在美的领域中占着统治地位。无论是自然美、社会美，还是艺术美都离不开具体可感、鲜明生动的形象。审美指向形象思维，与人的情感相连，是一种融合理性的直觉活动，可以突破时空限制，统整历史、现实和未来。所以，高中语文课标在"课程目标"板块指出：增强形象思维能力。获得对语言和文学形象的直觉体验；在阅读与鉴赏、表达与交流、梳理与探究活动中运用联想和想象，丰富自己对现实生活和文学形象的感受与理解，丰富自己的经验与语言表达。

　　形象思维在感知、理解和情感等多种因素统一中进行，既是理性的又是形象的，是带有情感性的思维活动。形象思维以直观形象为支柱，借助形象反映生活，运用典型化和想象方法塑造艺术形象，表达思想感情，是文学创作过程中主要的思维方式。作为文学的国度，语文学习一直都以文质兼美的文学作品阅读与鉴赏为中心任务，通过感悟文学经典实现思维发展和审美创造，提升思维品质和审美体验，传承中华文化，培植文化自信。美是合规律性与合目的性的统一。审美思维以形象为中轴，运用直觉、联想和想象方法把握现象和个性，发掘人性隐秘的审美能力。"情以物迁，辞以情发。"审美是情感活动，借助语言文字的审美感知，产生审美愉悦，激发情感共鸣。

　　当前文言文教学多集中在文言文阅读能力、文言文字词积累、语法学习，

---

①　多尔. 后现代课程观 [M]. 王红宇，译. 北京：教育科学出版社，2000：8.

着眼于通过字词、句式、句子翻译提高文言文阅读能力，通过段落结构梳理，谋篇布局解析来探究古人智慧等，较少关注文言文语言形式方面的教学研究和实践。文言文的语言形式教学和研究可以从文言文字词的选用即炼字，句式选择、文章结构等语言形式着眼，通过文言文语言形式的深入分析把握文章内涵、经典魅力和作者要传达的文化思想。所以，王荣生指出："文言文阅读的要点，是集中体现在'章法考究处、炼字炼句处'的'所言志所载道'。文言文阅读教学着力点，是引导和帮助学生通过'章法考究处、炼字炼句处'具体地把握作者'所言志所载道'。"[①] 本节我们将通过《鸿门宴》的教学案例从字句、句式、篇章结构等方面的文言文语言特点来欣赏人物形象，阐述语文学习的审美性，感悟文言之美。

【课例呈现】

《鸿门宴》语言赏析的片段教学

一、教学目标

1. 理解并积累文言重点词、句。

2. 引导学生通过挖掘文言词句，分析人物形象，感受文言文语言的形象性和作者高超的写作技巧。

二、片段一

问题一：理解鸿门宴故事发生的关键人物（关键事件）。

预设：曹无伤（曹无伤告密）

问题二：理解有关曹无伤的情节，借助情节分析相关人物。

（PPT展示）项羽大怒曰：旦日飨士卒，为击破沛公军。

预设1：曹无伤告密时，"项羽大怒曰：旦日飨士卒，为击破沛公军"，从形容词"大怒"一词，可以看出项羽是一个冲动、草率鲁莽的人（情绪和行动）。

（PPT展示）项王曰：此沛公左司马曹无伤言之，不然，籍何以至此。

预设2：听到刘邦辩解后，项羽没有调查就马上说出告密人曹无伤；况

---

① 王荣生. 文言文阅读教学设计 [J]. 语文教学通讯，2012（29）：29—36.

且,刘邦也没有把"细说"的来龙去脉说得很详细,项羽接话时完全可以随机找个原因搪塞,不必直接供出告密者,可见他缺乏深谋远虑。

如果他是普通人,从好的方面形容他,也可以称为直率。作为一个直率的人,面对刘邦的辩解,内心充满了尴尬。

(PPT展示)邦至军,立诛杀曹无伤。

预设3:副词"立"字写出刘邦果断。

三、片段二

问题三:通过简单笔墨勾勒人物形象。用找关键的词或句子分析人物形象的办法学习其他内容。先小组讨论,然后分享讨论结果。

(PPT展示)(a)项王按剑而跽曰:客何为者?(b)项王曰:壮士!赐之卮酒。

预设1:看到樊哙闯入,项王握着剑挺直身子的紧张和警觉,以及知道樊哙身份后称他为壮士,可见项羽是一个豪爽、宽厚、不拘小节的人。

预设2:对于私闯军营的人,项王处理樊哙的行为显示他军纪不严明,为失败做了铺垫。

(PPT展示)当是时,项羽兵四十万,在新丰鸿门;沛公兵十万,在霸上。范增说项羽曰:"沛公居山东时,贪于财货,好美姬。今入关,财物无所取,妇女无所幸,此其志不在小。吾令人望其气,皆为龙虎,成五采,此天子气也。急击勿失!"

预设3:"志不在小""望之有天子之气"暗示项羽刘邦想要争夺天下的野心,使项羽的怒气更进一步,气氛和矛盾也更加紧张。

预设4:双方:力量对比,兵力悬殊,在双方实力对比之下,项羽应抓住时机消灭刘邦。分析的过程条理清晰,直击要点,达到劝说项羽的目的,由此可以看出范增是一位智谋高绝的人。

预设5:刘邦的人物形象,坚忍克己,胸怀大志。

预设6:"急击勿失",范增用命令语气和项王说话,虽然是亚父,但毕竟君臣有别,项羽又是一个比较自负的人,这样的语气容易让项羽不服气。

(PPT展示)哙即带剑拥盾入军门。交戟之卫士欲止不内。樊哙侧其盾以撞,卫士仆地。哙遂入,披帷西向立,瞋目视项王,头发上指,目眦尽裂。

预设7:"即"字写出樊哙的果敢勇猛,"带""拥""侧""撞""披帷西向立"等动词看出樊哙的勇猛。

(PPT展示)樊哙曰:"臣死且不避,卮酒安足辞!夫秦王有虎狼之心,杀人如不能举,刑人如恐不胜,天下皆叛之。怀王与诸将约曰:'先破秦入咸阳者王之。'今沛公先破秦入咸阳,毫毛不敢有所近,封闭宫室,还军霸上,以待大王来。故遣将守关者,备他盗出入与非常也。劳苦而功高如此,未有封侯之赏,而听细说,欲诛有功之人,此亡秦之续耳。窃为大王不取也!"

预设8:樊哙话里含有讥讽项王的意思,又替刘邦求赏,同时也有尊崇项王的意思,可以看出樊哙不仅勇猛,而且粗中有细,十分机智。

总结:以文言文语言为切入点解读司马迁的《鸿门宴》,通过文言文词语、句子、语气等分析了人物形象,领略司马迁高超的叙事写人技巧。借助语言文字分析人物形象需要特别关注动词和修饰词,这两类词对凸显人物形象具有非常重要的作用。

【课例观察】

核心素养时代的高素质人才必将是左右脑协调发展、聪明而富有创造力的一代新人。语文教学既要发展学生的逻辑思维,更要将儿童"天生"的形象思维发扬光大。形象思维是思维活动的重要方式,对认识世界和改造世界具有重要意义。钱学森指出:"科学工作源于形象思维,终于逻辑思维。形象思维是源于艺术,所以科学工作是先艺术,后才是科学。相反,艺术工作必须对事物有个科学的认识,然后才是艺术创作。"[①] 语文教科书中的经典文章都是两种思维的产物,既有主题思想的抽象性,又有人物、情节、场面等生活画面构思的形象性,因此,语文教学就需要通过语言文字训练提升思维的完整性,实现形象思维和逻辑思维协同发展,为人的全面发展奠定基础。

文史哲不分家的传统导致文言文大都是逻辑思维和形象思维统一的典范。《史记》作为历史书,首先追求的是历史的真实性和逻辑的严谨性,但鲁迅的评价却是"史家之绝唱,无韵之离骚",前半句高度赞扬了《史记》的历史价

---

① 涂元季编. 钱学森书信(第2卷)[M]. 北京:国防工业出版社,2007:371-372.

值，后半句指向《史记》的文学价值。不仅仅《史记》如此，入选语文教材的每一篇文言文都如此。因此，文言文教学不仅可以培养学生的逻辑思维能力，同样也可以培养学生的形象思维能力。在文言文教学中培养形象思维能力，有利于提升人的思想层次、审美境界和综合素质。

作为文史哲的经典之作，既可以从逻辑思维角度探究文言文的历史价值和哲学价值，也可以从形象思维角度感悟文言文的文学价值。张志公指出："文学，无论创作或欣赏，主要是诉之于形象思维的，需要联想力和想象力，需要一种源于生活实际而又超脱于生活现实的创造性的思维能力。"[①] 联想和想象是文学的主要手段。以形象思维为主的文言文教学需要通过形象化的语言（思维符号）、类比式的想象联想（思维程序）来体悟语言文字蕴含的文学原理或思想感情。《鸿门宴》的教学案例先引导学生找寻形象化的语言鉴赏点，再通过潜入文字、联系上下文、比较分析等思维程序分析语言特点，并据此概括或推理其文字背后的人物形象与情感表达。我们先梳理一下本章课堂提问的相关问题，再改进这些问题或答案，使其所呈现解决问题的思维程序更条理更清晰。

步骤	教师提问的问题	问题或答案辨析
1. 圈画"曹无伤"告密有关字句，并分析人物形象	1.1 项羽大怒曰：旦日飨士卒，为击破沛公军。	"大怒"的"大"表现项羽的冲动。不妨进一步追问曹无伤告密的内容为什么会引起项羽"大怒"？由此可看出项羽集团什么样的施政方针？"飨"字是响声的阳韵，充满力量；"击破"的"破"是爆破音，这些音韵有助于体现项羽大怒的状态。
	1.2 项王曰：此沛公左司马曹无伤言之。	如果把这句话改为"项王曰：此小人言之"，并引导学生比较两句特点："小人"是模糊概念，项王借此也能巧妙推卸自己误会刘邦的责任；而"沛公左司马曹无伤"或"左司

---

① 张志公. 张志公语文教育论集 [M]. 北京：人民教育出版社，1994：276.

续表

步骤	教师提问的问题	问题或答案辨析
		马曹无伤"都暴露了项王心思：一是告密者是沛公属下，不是我项羽左右；二是告诉你告密者具体官职姓名，表明此事与我方没有任何关系，以后刘邦这边也再无小人敢进谗言。相较而言，原文既透露项王直率坦荡的性格，也说明缺乏政治权谋。
	1.3 邦至军，立诛杀曹无伤。	时间副词"立"字展现刘邦做事"果决"。
2. 圈画与"樊哙"闯帐有关的字句，并根据这些字句分析人物形象	2.1 （a）项王按剑而跽曰：客何为者？（b）项王曰：壮士！赐之卮酒。	"按剑而跽"四个字有足够想象空间：项羽参加宴会随身带剑，可见鸿门宴紧张气氛；"按"是紧握意思，樊哙突然带兵器闯帐，项羽紧握宝剑，可见气氛更加紧张；由"跽"字可推想——在樊哙未闯帐之前，项羽坐姿比较放松，与刘邦交流时交代了告密者，观看项庄舞剑依然放松。 对于"樊哙闯帐，而项羽不治罪反奖赏吃喝"的问题，项羽可能有多重考虑，得出项羽治军不严，恐怕会过于草率。
	2.2 范增说项羽曰："沛公居山东时，……急击勿失！"	通过劝说项羽"急击"分析范增形象："急击勿失"中的"勿"的意思是"不要"，既可表达命令的语气，也可表达劝说的语气；"急""击""失"三个字都是唇齿音，每个字似乎都是挤着牙齿说出来的，形象刻画范增鼓动项羽攻打刘邦之迫切。
	2.3 哙即带剑拥盾入军门。交戟之卫士欲止不内，樊哙侧其盾以撞，卫士仆地，哙	通过描写樊哙举止的语言分析樊哙形象："即"字除了写樊哙勇猛，还表现樊哙对刘邦忠诚，即听张良说刘邦处于险境急于救主的第一反应；一连串闯帐动词有层次地展现

65

续表

步骤	教师提问的问题	问题或答案辨析
	遂入,披帷西向立,瞋目视项王,头发上指,目眦尽裂。	樊哙救主过程,这些饮酒吃肉的夸张动作,与后文有理有据的纵横家风范形成巨大张力。这种张力使同样豪放不羁的项羽对诛杀刘邦变得更加犹豫不决,这就为后文写刘邦逃离现场做了铺垫。
2.4	樊哙曰:"臣死且不避,……窃为大王不取也!"	通过樊哙言谈的语言分析樊哙形象:表现樊哙"粗中有细"形象,至于怎么个"细"法缺乏条分缕析的语言分析,因此"粗中有细"的形象只是空架子,没有实际内容。

【教学探讨】

形象思维从感性形象的整体出发,经过想象、联想、幻想、情感等融会运思,塑造典型的艺术形象,反映出艺术形象的整体意蕴,属于整体思维,具有整体性,是形与神的统一。狄其聪在《关于形象思维问题》一文中认为:"形象思维虽也上升到理性认识,但认识跃进的全部过程,不是脱离对象的具体感性和生活细节,而是自始至终把客观对象作为活的整体来综合地把握。形象思维是思维性和形象性辩证统一的整体。"[①] 当前文言文教学中培养形象思维普遍存在整体性的缺失,自发、零散、随机地设置一些通过语言特点鉴赏人物形象的问题,而这些小问题没有形成构建学生形象思维的问题链,这可能是文言文教学的一大弊病。

文言文阅读与鉴赏,在阅读认知层面,需重点关注整体感知、理解阐释和赏析评价。整体感知强调对文言文内容、意蕴、语言等的直观感受和体会;理解阐释要求在文本意义情境中准确理解具体字词句的内涵和作用、阐释语言文字背后的意义;赏析评价要求结合个人体验和具体文本,客观地审视、思考文本的思想内容,评价文本的表现形式。笔者认为构建文言文的形象思维可重点从以下三个路径进入文本:语音修辞、词语修辞、语句修辞。

---

① 转引自:冯国瑞. 论形象思维 [J]. 中国高校社会科学,2015 (2):92—104.

一是从语音入手，通过因声求气的方法来培养细致的形象思维。清朝桐城派代表人物刘大櫆在《论文偶记》中指出："我之神气即古人之神气，古人之音节都在我喉吻间，合我喉吻者，便是与古人神气音节相似处，久之自然铿锵发金石声。"古人特别注重诵读，其本质就是语言文字的韵律感和节奏感。"语音修辞"主要是为了使语句富于节奏，优美动听，语音是否和谐直接影响表达效果。

"语音修辞"要达到两种效果，一是匀称协调，富有整齐美；二是有变化，不呆板。具体说来，调配语音的主要手段有调整音节组合（如对偶、联绵词、叠音词的运用）、平仄声调的变化、押韵等；另外，常见的修辞格如排比、反复、对偶、顶真、回环等，也主要是从语音角度增强表达效果。

序号	具体事例	表达效果
例1	"庭中始为篱，已为墙，凡再变矣"（《项脊轩志》）一句，读"再"用虚声，读"矣"用拖音。	由这种吟诵方式，"篱"到"墙"表现了情感隔膜越来越大，作者对家道没落衰败的现实怨恨而又无奈，貌似客观的记述中抒发了主观的深长喟叹。
例3	吾儿，久不见若影，何竟日默默在此，大类女郎也？（《项脊轩志》）	关注角色的语言。画线句在句子的朗读时应重读"竟"与"默默"，通过此二处的"重音"来表达祖母对作者在书斋读书时殷殷关切之情。

通过语音修辞构建形象思维，能够培养出在感发和联系中辨析精微的能力。当你用吟诵的调子反复读，就会被它的那种情调气氛整个儿地包围起来，从而会有更深的理解和体会。汉语形音义三位一体，单音节、有声调，这些特点决定了声音的感觉先于意义的理解，因声求气的合理性即在于此。

二是从词语修辞入手，通过语言形式建构形象思维。"词语修辞"就是要对所使用的词语加以选择和锤炼。首先是平常字在特定语境中别有韵味；其次是词语活用，主要通过颠倒词序、改变词性、省略与重现等组合方式；最后，运用比喻、借代、比拟、夸张、双关等，都是从词语选择角度进行修辞。试举例如下：

题号	具体题目
1	"(项伯)常以身翼蔽沛公，庄不得击"(《鸿门宴》) 与 "(项伯)常以身蔽沛公，庄不得击"二者的语义基本相同，为什么说原文的表达效果更好？
2	旦暮吏来而呼曰：官命促尔耕，勖尔植，督尔获，早缫而绪，早织而缕，字而幼孩，遂而鸡豚。(《种树郭橐驼传》) 请联系上下文，品析反复手法的修辞效果。
3	(a) 至暮夜月明，独与迈乘小舟，至绝壁下。(《石钟山记》) (b) 壬戌之秋，七月既望，苏子与客泛舟游于赤壁之下。(《赤壁赋》) 请问（a）中"乘"字能否改为"泛"字？（b）中"泛"字能否改为"乘"字，请表明你的看法，并简述你的理由。

三是"语句修辞"，对所使用的关键句子或段落加以锤炼，运用不同句式或不同句子组合来创造不同艺术效果。第一是倒装句。倒装句是一种常见的语法现象，通过改变语序增加修辞效果，主要有四种类型：主谓倒装、宾语前置、定语后置、状语后置。第二是整句与散句。整句是结构相同或相似的一组句子，由于形式整齐，所以明白晓畅、气势贯通、声音和谐，适合表达丰富的感情和深刻的感受；散句是结构不整齐，各种句式交错运用的一组句子，它灵活而生动，自然而不呆板，便于叙事。第三是修辞中的设问和反问涉及句式选择。设问——本来无需问，却偏要自问自答，这就引起读者的思索。反问——明明是肯定或否定，还要反问一下，加强肯定或否定语气。第四是较长的句子与较短的句子。第五是语体风格不同的句群。试举例如下：

题号	具体题目
1	(长句) 此吾祖太常公宣德间执此以朝，他日汝当用之！ (短句) 宣德间，吾祖太常公执此以朝，他日汝当用之！(《项脊轩志》) 请从长句变短句的角度简要说明其表达效果。
2	(刘邦) 秋毫不敢有所近 (《鸿门宴》) (樊哙) 毫毛不敢有所近 (《鸿门宴》) 请从语体的角度，赏析这两句话的表达效果。

续表

题号	具体题目
3	（原稿）良曰："甚急！今者项庄拔剑舞，其意常在沛公也。"（《鸿门宴》） （改稿）良曰："此性命存亡之秋也！今者项庄拔剑起舞，其意在击杀沛公于坐矣。" 原稿和改稿的语义基本相同，为什么说原稿的表达效果更好？
4	阅读庾信《谢滕王赉马启》和韩愈《谢许受王用男人事物状》两文，他们的谢启同是写别人送马给他，但写法不同。请比较分析。 提示：从骈散的句式入手分析。

第四节　文化传承
——以《爱莲说》和《陋室铭》的多维阅读为例

作为与环境相互作用的社会成果，文化是人类结成稳定共同体的依据和内在动力，精神文化传承是共同体内聚和认同的源泉。中华民族通过创造自己的文化而生成了自身，中华民族的生命意蕴及生命生成的全部信息积淀于中华民族的文化传统和文化精神里。[①] 文化传承即文化与人的有机结合，是文化的"历时性"传播，体现了人类社会不断发展的内在要求。语言是文化的符号，文言文是中华民族优秀文化的承载，中华民族的行为习惯、思维品质、审美情趣、价值判断等都通过文言文一代一代中华儿女传承下来，也需要通过一代一代中华儿女延续下去。乔姆斯基曾说过：学习一种语言，就是进入一个文化系统。母语的根于民族文化。汉语是中华民族的母语，文言是中华优秀传统文化的承载。学习文言文，就是使一代代中华儿女弘扬自强不息、刚健有为、宽厚平和、爱国统一、勤劳勇敢、诚信友爱等民族精神，孕育灿烂的未来。朱自清在《经典常谈》序言中特别强调："在中等以上的教育里，

---

① 陈文殿. 人之生命生成的文化自觉[J]. 齐鲁学刊，2008（3）：75—78.

经典训练应该是一个必要的项目。经典训练的价值不在实用，而在文化。"①文言文的价值在于文化传承，这是经历很长一段时间的坎坷而取得的教育共识，这也是2022年颁布的《义务教育语文课程标准》建构中华优秀传统文化、革命文化和社会主义先进文化为主题的课程内容的逻辑基点。

随着文言文考查形式的变化（考查的文本由课内文言文到课内外文言文结合，再到课外文言文），以及逐渐与新高考接轨，中学文言文教学应该指导学生汲取修身处世的养料，并由此指导学生拓展文言文阅读，体会中华文化的博大精深、源远流长，体会中华文化的核心思想理念和人文精神，增强文化自信，理解、认同、热爱中华文化，继承、弘扬中华优秀传统文化和革命文化。

"君子人格"是中国文人道德修养的至高境界，中华优秀传统文化也在传承发扬君子文化。下面这个教学案例通过阅读、比较、推断、质疑、讨论等方式了解陶渊明、周敦颐、刘禹锡三人的人生选择，学习他们"斯是陋室，惟吾德馨""出淤泥而不染，濯清涟而不妖""采菊东篱下，悠然见南山"的高洁志趣和君子人格，培养学生崇高的思维品质和人文精神。

【课例呈现】

《爱莲说》和《陋室铭》的多维阅读

材料一：

山不在高，有仙则名。水不在深，有龙则灵。斯是陋室，惟吾德馨。苔痕上阶绿，草色入帘青。谈笑有鸿儒，往来无白丁。可以调素琴，阅金经。无丝竹之乱耳，无案牍之劳形。南阳诸葛庐，西蜀子云亭。孔子云：何陋之有？（《陋室铭》）

材料二：

水陆草木之花，可爱者甚蕃。晋陶渊明独爱菊。自李唐来，世人甚爱牡丹。予独爱莲之出淤泥而不染，濯清涟而不妖，中通外直，不蔓不枝，香远

---

① 蔡富清编选．朱自清选集：第二卷［M］．石家庄：河北教育出版社，1989：3．

益清，亭亭净植，可远观而不可亵玩焉。

予谓菊，花之隐逸者也；牡丹，花之富贵者也；莲，花之君子者也。噫！菊之爱，陶后鲜有闻。莲之爱，同予者何人？牡丹之爱，宜乎众矣！（《爱莲说》）

一、导入

学习两篇短文，认识三个人物：陶渊明、周敦颐、刘禹锡，理解他们的人生态度。（学生齐读材料）

二、赏菊花，看陶式隐居

学习任务一：《爱莲说》中借"菊"塑造陶渊明怎样的人物形象？

【PPT展示1】陶潜……素简贵，不私事上官。郡遣督邮至县，吏白应束带见之，潜叹曰："吾不能为五斗米折腰，拳拳事乡里小人邪！"义熙二年，解印去县，乃赋《归去来》。（房玄龄等《晋书·陶潜传》节选）

【PPT展示2】种豆南山下，草盛豆苗稀。晨兴理荒秽，带月荷锄归。道狭草木长，夕露沾我衣。衣沾不足惜，但使愿无违。（陶渊明《归园田居（其三）》）

预设：淡泊明志、不理俗世、隐居田园的隐士形象。

追问：古代文人的人生道路有两条：一是入仕为官，兼济天下；二是归隐田园，坚守本心。陶渊明为何选择第二条？

预设：政治污浊不堪；陶渊明"性本爱丘山"，不为五斗米折腰，避开污浊世俗，毅然决然地辞官归隐田园。

三、赏莲花，品周式不染

学习任务二：隐士陶渊明是周敦颐笔下的人物，从周敦颐的文章中看出他对陶渊明的人生选择持怎样的态度？

（1）如将"菊，花之隐逸者也"改为"菊，花之隐者也"，二者在表情达意上有何不同？下面哪一种解释更适合放在这里？

"逸"在古汉语词典中有多种解释：①马脱缰奔跑；②释放；③安闲，安逸；④放荡；⑤超过一般的；⑥通"佚"，散失；亡失。

预设："逸"有安闲、安逸之意。正因为陶渊明有这样一种情怀，才有"采菊东篱下，悠然见南山"和"晨兴理荒秽，带月荷锄归"的名句，他是那

71

样的安闲，那样的安逸，那样的洒脱，本色出演啊！

（2）对比："晋陶渊明独爱菊"VS"予独爱莲之出淤泥而不染"

①如何理解两个"独"字？

预设：独是仅仅的意思。可以爱的、值得爱的花很多，可陶渊明只爱"菊"，"我"只爱"莲"。弱水三千，"我"只取一瓢饮。这是一种怎样的钟爱啊！

②如何理解两种"独爱"？

【PPT展示3】宋王朝拥有一个庞大腐朽的官僚机构，大批官员，自下而上追名逐利，贪竞成风，不择手段。官员们"以受贿为生，往往致富"。

——范文澜《中国通史》卷五

预设：陶渊明的"独爱"是做避世的隐者，保持独立人格。周敦颐的"独爱"是不染世间污秽，独立不移，坚贞高洁。这是他们二人的遗世独立，也是两个人自我品格的艰难保持。写陶渊明用"独爱"，写自己也用"独爱"，可见，周敦颐是欣赏陶渊明的"隐居避世"。

【PPT展示4】"拒收端砚"：广东端州出产端砚，非常名贵。端州知府贪得无厌，垄断采石以牟取暴利，百姓怨声载道。周敦颐担任提刑官，去端州巡视。知府送端砚作为厚礼。周敦颐说："我确实喜欢端砚，但人格比端砚更值钱。"他不仅拒收礼物，还下令任何人不得私自采石。禁令一出，贪风顿止。

——据《濂溪先生周元公年表》

③从上面这则材料读出了怎样的周敦颐？

预设：这一年，周敦颐55岁，距写出《爱莲说》已经过去8年了。他不曾忘记莲一样的品格，在当时污秽的社会中，仍然坚守"出淤泥而不染"的品格。

四、观陋室，悟刘式高洁

学习任务三：阅读上面的材料，根据你的理解，给"孔子云：何陋之有□"中的"□"处加标点，并说明理由。

学习任务四：阅读刘禹锡的《秋词（其一）》，说说你对刘禹锡的第一印象是什么？（在PPT上出示刘禹锡图像，学生边说边在图像周围板书）

预设：秋风萧瑟，草木摇落，诗人不是悲秋，而是借黄鹤直冲云霄表达奋发进取的豪情。与《陋室铭》心绪相通，从愁绪中超脱出来，展示了作者豪放旷达的人格力量。（板书：豪放旷达）

【PPT展示5】刘禹锡因革新得罪权贵宠臣，被贬安徽和州通判。按规定，他应住衙门里三间三厦的屋子。可和州策知县是个趋炎附势的小人，见刘禹锡被贬而来，便多方刁难。策知县先叫刘禹锡在城南面江而居。刘禹锡不但不埋怨，反而撰写一联贴于房门："面对大江观白帆，身在和州思争辩。"此举气坏了策知县，他又令衙门书丞将刘禹锡的房子由城南门调至城北门，三间缩小到一间半，位于得胜河边，附近有一排排杨柳。刘禹锡见此景又作一联："杨柳青青江水平，人在历阳心在京。"策知县气得肺都要炸了，又和书丞商量，为刘禹锡在城中寻了一间只能容一床一桌一椅的小屋。刘禹锡想此狗官欺人太甚，便愤然提笔写下《陋室铭》并请人刻于石上立在门前，策知县气得哑口无言。

追问：看完这个故事你对他的印象还一样吗？为什么？

预设：刘禹锡屡次被贬，被策知县穿小鞋后安然自足，堪比圣贤，不畏权势、不求名利，高唱"惟吾德馨"，自由洒脱地生活在自己诗意世界里，可谓是"高洁傲岸"。（板书：高洁傲岸）

五、作业布置

结合注释，疏通文意，从《爱莲说》《陋室铭》中任选一篇扩写，字数不限。要求如下：

1. 领会原作。对原作主要内容和思想情感有透彻理解，扩写时不改变原文思想情感。

2. 融入想象力。区别于简单译文。根据文章特点，增加叙述，综合运用多种描写手法对人物、环境进行细致刻画。比如，《陋室铭》可采用叙事式，《爱莲说》可采用写景抒情式。

【课例观察】

语文学习在潜移默化中陶冶情操，形塑不同于他人，而又与他人、社会和时代融洽的精神品质——人文精神。人文精神是对价值理性、理想人格和道德情操的追求，体现了人的价值尊严和人性发展的最高境界，揭示人的生存意义，是真善美的统一。历史求真，哲学求善，文学求美。文史哲不分家的历史决定文言文是实现真善美统一的最好表征，学习文言文就是培植人文精神、实现文化传承的最好样态。君子是儒家思想观念、道德规范的人格形象，也是中华优秀传统文化中体现人文精神的人格形象。君子文化源于孔子建立的道德体系，以"人"为中心拆除"天道"与"人道"藩篱而重建人文精神，对中华民族人格塑造产生了深远影响。践行君子文化，就是要通过研析经典文言作品体悟"君子"内蕴的人文精神。正如《老子》第 54 章所言："以身观身，以家观家，以乡观乡，以邦观邦，以天下观天下"，概言之就是："认识你自己"。通过文言文认识自己，就是要用历史的眼光、历史的视角、历史的规律来反思自己的言行举止："见贤思齐焉，见不贤而内自省也。"中华优秀传统文化是最好的贤者，文言文是最好的媒介。

学习文言文需要有科学态度，用科学精神传递文言文的人文意蕴，助力青年学生健康成长，为全面发展开拓无限空间。《爱莲说》和《陋室铭》选自统编初中语文七年级下册第四单元的"短文两篇"。单元导语这样要求："本单元所选的文章，从不同角度展现了中华美德以及时代对这些美德的呼唤。这些课文，可以陶冶情操，净化心灵，使人追求道德修养的更高境界。"本节的教学课例通过"赏菊花""品莲花""观陋室"等三个环节重点认识陶渊明、周敦颐、刘禹锡三个人物的君子品格。从高质量文言文教学角度来看，可以做以下几个方面探讨：

一是注重通过汉字进入文本内部。语文课程的根本任务是培养语言文字运用能力。这就需要始终坚守语言文字的教学宗旨，借助汉字进入文本内部，体悟文章所传达的思想感情。教学案例设计的"'逸'有多种解释，哪一种放这里更适合"的问题直指文章主旨，"安闲，安逸"的解释揭示了作者所要表达的思想情感。如果能进一步勾连"马脱缰奔跑"的本义与"安闲，安逸"的引申义间的关联，就更能凸显陶渊明挣脱官场牢笼，追求自然本性的人物形象。吟诵是深入理解文言文的一个好办法，本案例在朗读中感发和辨析精微情感的教学环节较少，我们可以设计这样的问题："牡丹之爱，宜乎众矣"与"牡丹之爱，宜乎众也"在语气表达上有何不同？

二是借助背景材料理解"短文两篇"。知人论事，借助背景资料理解文本是语文教学的基本要求，有助于整体感知文字背后的意义，避免将原本复杂的人物形象变得扁平化。如本章PPT2和PPT3所展示的《晋书·陶潜传》的节选文字和《归园田居（其三）》只凸显了陶渊明安贫乐道、诗酒旷达、隐居闲适的一面，现实的陶渊明也有感时忧世、孤独寂寞的一面，他常处于"贫与富""仕与隐"的矛盾挣扎之中，也曾动摇怀疑，但终究隐居不仕，这种抗争与挣扎体现了陶渊明坚定的意志和顽强的毅力。如果我们不深入了解这个人物，就无法真正理解"晋陶渊明独爱菊"这句话的深刻含义。

三是在比较中培养古诗文阅读能力。有比较才有鉴别，有鉴别才有发展。在比较中寻找异同、探求规律可以更深刻地认识语文学习的本质，提高语言文字运用能力。笔者试着将本章"赏莲花"环节的两个"独爱"的比较题改编如下：

陶渊明的"独爱"与周敦颐的"独爱"有同有异，请简要分析。

【参考答案】同：都体现了为人不与世俗同流合污、超然外世的品格。

异：陶渊明的"独爱"是躲避世之污浊而能保持独立人格；周敦颐是直视世之污浊而能洁身自好。

四是课后作业布置改进。铭文兼有褒赞与警戒作用，文体主要是四言、押韵，有时候还有序，序则是散体，但文辞皆尚简约。现在网络发达，人人都可以发表文字，但是文笔冗长词汇杜撰的现象比较严重。学习古代铭文一类的经典短章可以帮助我们改造自己的文风——提倡简洁明了。笔者认为课后作业设计不妨将《爱莲说》的"说"这种文体改写成不同文体的"爱莲铭"，或者概括《陋室铭》与《真率斋铭》二者共性的艺术表现。

吾斋之中，不尚虚礼。不迎客来，不送客去。宾主无间，坐列无序。真率为约，简素为具。有酒且酌，无酒且止。清茶一啜，好香一炷。闲谈古今，静玩山水。不言是非，不论官府。行立坐卧，忘形适意。冷淡家风，林泉清致。道义之交，如斯而已。罗列腥膻，周旋置备，俯仰奔趋，揖让拜跪，内非真诚，外徒矫伪，一关利害，反目相视。此世俗交，吾斯屏弃。

——司马光《真率斋铭》

司马光的《真率斋铭》与《陋室铭》有异曲同工之妙，请简要分析。

【教学探讨】

1. 在比读中品味人文精神。比读，就是对照性阅读、参照性阅读、比较性阅读、反思性阅读。这一阶段要读出"比照点"，读出与自己已有的经验积淀可比照、可比较的"点"，或是字词含义与用法，或是句式特征与特色，或是篇章表现的艺术性，或是思想情感的相通处。不仅仅是拿已有的阅读进行比较，还可拿相关的文本进行比较，实现互文阅读或群文阅读。通过比读以收到深读和读透的效果。

比如学习任务三：阅读材料，根据你的理解给"孔子云：何陋之有□"中的"□"处加标点，并说明理由。这个问题的设计可以深化"比读"效果。

示例一：填"？"。理由：前文写到，虽然我住在陋室里，但是我有高尚的品德，有"君子"所具有的文化底蕴以及自由高贵的精神追求。"君子"所住之处，有什么简陋的呢？陋室因"德馨"而"不陋"，所以这里是一个反问句。

示例二：填"！"。理由：作者将自己与诸葛亮、扬子云这些先贤比较，又拿孔子的话来表明自己的心志，有一种非常自豪、骄傲的感觉，可以用叹号。这里也表达了对打压他的知县不满的情绪。

我们可以通过比较文言文不同版本，让学生陈述或论述理由，以此加强其对文本的梳理与探究能力。

《周敦颐集》作"世人甚爱牡丹"一句，宋刻本《元公周先生濂溪集》作"世人盛爱牡丹"。你认为哪个版本更好？请说明理由。

示例："盛"好。"甚"仅能表示程度，"甚爱"不过"很爱""极爱""非常爱""特别爱"而已；而"盛"则除了同样能表示很深很高的程度之外，还有"繁盛""旺盛""隆重""丰厚""普遍"的意思，让人联想到熙熙攘攘的人群围观追捧牡丹的盛大热烈场面，其内涵和给人的想象空间比"甚"大。

为了让弟子认识和理解君子人格，孔子在《论语》里采取比较排除法，同时论述了比君子高大的"圣人"和比君子矮小的"小人"。这就告诉我们：君子一方面不是难以见到、难以企及、仰之弥高，乃至高不可攀的圣人，另一方面也与目光短浅、心胸狭隘、见利忘义、斤斤计较的小人判然有别。谈论"心目中的君子"时可有意识地把刘禹锡与策知县、菊花、莲花式的人品与牡丹的人品作比较。这就是"比照性阅读"策略的具体应用。

2. 在"接着讲"中转化君子文化。我们既要研究古代的君子人物，更要树立当下的君子形象；既要弘扬传统的君子品格，又要光大当代的君子精神；既要继承传统优秀的君子文化，又要构建当今鲜活的君子文化。学习古代文化最终要回归自我。可以通过设置如下一些讨论、辩论等题型来转化"君子"文化。

学习任务1：儒家认为君子"矜而不争"，道家认为君子"为而不争"，现代有人认为"竞而不争"。对这三种观点，你有何看法？

示例：三个不争的意思是一致的，不争名、不争利、不争权、不争功、不争得，乃至不争胜；而"竞"则比"矜""为"更积极，"竞"是一种自强不息的精神。这种竞而不争的转化更能展现当代君子的时代风貌。

学习任务2：君子"穷则独善其身，达则兼济天下"。穷与达的当今意义并无本质变化，但也出现了一些新问题。比如，达即得志，而如何立志以及何为得志？独善和兼济的关系是什么？达者是否要独善其身，穷者可否兼济天下？

示例一：如今，"达人"们并非都能济天下，达而不济者有之，达而济私者有之，达而损人者有之，达而害天下者也不鲜见，故达而返穷亦为常见了，究其原因则是达而未善其身。可见，达而善其身当今更难，君子处达难，难在显达之后，独善其身更为不易，"达人"往往比"穷人"更难守住善其身的底线。所以，达则兼济天下，更须独善其身。

示例二：当代君子处穷，既要独善其身，又可兼济天下。当今君子作为公民，家事国事天下事，事事关心，这就是济天下；己利他利天下利，利利兼顾，既是善其身，也是善天下，关心他人，助人为乐，慈善公益，与人为善，人人可为，此为即是君子所为。所以，当今君子穷则独善其身，亦可兼济天下。

3. 在"多维阅读"中深化君子精神等中华美德。通过阅读不同媒介不同形式的语言材料，让学生多维度地理解中华美德。一是关联常规的文字材料。如链接阅读苏轼《凤鸣驿记》"古之君子不择居而安，安则乐，乐则喜从事，使人而皆喜从事，则天下何足治欤"和《宝绘堂记》："君子可以寓意于物，而不可以留意于物。寓意于物，虽微物足以为乐，虽尤物不足以为病"等有关君子的论述材料；二是欣赏富有中国品格的书画作品。如梅兰竹菊"四君子"。苏东坡说"宁可食无肉，不可居无竹。无肉令人瘦，无竹令人俗"，原因正在于他推崇竹子劲节虚心、清雅脱俗的君子品格；三是挖掘一些蕴含中国美德的其他媒介的作品，如视频、邮票、银币等，将其设计成实用类写作任务，让学生在不一样的作业形式中领悟中国美德，如下图的银币解说词。

左图为获得2023年世界硬币大奖"最佳银币"的2021吉祥文化（寸草春晖）60克银币。请你为这枚银币写一段解说词。不超过150字。

【参考答案】"寸草春晖"源于唐代诗人孟郊的《游子吟》"谁言寸草心，报得三春晖"。"寸草春晖"主题银币主图为母子天鹅造型。银币用和谐温馨的母子天鹅造型来表现感恩母爱亲情、弘扬孝道美德的中国传统文化，蕴含深厚的人文关怀精神。

小结　语文学习任务的"以一带三"

2023年8月17日，人民教育出版社在大连主办"人教论坛"，统编语文教材总主编温儒敏教授通过视频方式做了主旨发言，提出了"以一带三"的语文教学观，其中"一"是语言运用，"三"是思维、审美、文化。语文学习要以语言文字运用为根本，以语文课特有的方式（如读书、熏陶、感悟、积累等方式）去带，以语言文字运用能力培养作为首要学习任务，将语言文字运用贯穿整个教学过程，从而带动思维、审美、文化形成自然、综合的整体。语文教学改革不能脱离语言文字运用这一语文课程的本质属性，要重视并落实语言文字运用。

语言文字运用能力培养需要通过言语交际的实践活动来实现。按照特定社会环境需要，运用语言规则遣词造句，通过形式和意义结合组织口头或书面篇章，并运用言语和表情、姿态等非言语形式交流思想。交际能力培养体现了语义理解和语用实践的有机统一，在信息输入和输出的理解和澄清中实现"意义协商"的交际目的，最大限度地运用语言文字资源提供检验假设的机会以建构语言交际系统。语文学习任务体现了听说读写思等活动行为的交际目的，而交际立场的语义理解和语用实践凸显了核心素养发展的实践逻辑，通过语言文字运用的交际活动习得语言，培养语言文字运用的意识、能力和习惯以完善思维品质，提升审美品位，培植文化自信，为落实立德树人根本任务的课程目标提供实践支撑。

第三章　语文学习支架

"支架"是建筑学概念，指支撑未成形建筑的"脚手架"。建筑物周围的脚手架为建造房屋提供临时结构性支持，借用"脚手架"的概念指称各种形式的学习支持。与建筑中的脚手架相似，学习支架可以为语文学习提供学习行为和学习心理支持。学习支架与维果茨基的"认知发展区"理论密切关联。[1] 维果茨基认为学生存在现有发展水平和潜在发展水平，两个水平之间的幅度即为"最近发展区"，前者是由已完成的发展程序结果形成的心理机能发展水平，表现为独立、自如地完成学习任务，后者尚处于形成状态，表现为不能独立完成学习任务，需要在教师帮助下通过训练和努力才能完成学习任务。最近发展区存在于已知与未知，胜任和不能胜任之间，是需要"支架"才能够完成学习任务的区域。通过支架的设计帮助学生完成听说读写思的语文学习任务，实现语言文字运用能力培养的语文课程目标。

支架定义为"为孩子或新手解决问题、执行任务或达到目标提供的帮助，前提条件是没有这些帮助他们难以完成"[2]。通过学习支架的搭建为新的知识学习提供专业支持，通过分解学习任务以帮助学生持续不断地完成学习任务，理解语文知识的本质，在听说读写的语文学习活动中提升语言文字的运用能力，完善思维品质，提升审美情趣，培植文化自信。因此，2017年颁布的《普通高中语文课程标准》在"教材编写建议"中指出：学习任务群的组织形式和呈现方式提倡多样化，鼓励创新，能为教师的多样化实施提供空间与相应的支架。2022年颁布的《义务教育语文课程标准》在"教材编写建议"中

---

[1] 余震球. 维果茨基教育论著[M]. 北京：人民教育出版社，2005：384—390.
[2] 李梅. 在线环境下项目化学习支架探究[J]. 现代远距离教育，2019（1）：3—9.

明确要求：教材编写体例和呈现方式，要围绕学生生活实际和认知需求创设学习情境，以问题探究为导向，有机组合选文及辅助性学习资源，循序渐进地设计支架式的学习任务和活动，体现过程性评价，以促进学生自主、合作、探究学习。与此同时，在"学业水平考试"的命题要求中也指出：命题材料要能够体现问题或任务的对象、目的与要求，能够启发学生调动既有知识和资源解决问题、完成任务，能够为学生解决问题、完成任务提供背景材料或知识支架。

纵览此前的语文课程标准，无论是义务教育还是高中都没有出现"支架"的表述。由此可见，为了适应学业水平考试需要，特别需要通过支架设计解决"少慢差费"的现实问题，为顺利完成语文学习任务奠定坚实的方法论基础。语文学习支架设计需要从内容支架、过程支架、策略支架和思维支架四个层面展开，其中内容支架指向知识学习的方法支持，过程支架指向学习资源和学习工具的使用，策略支架指向学习方法的选择，而思维支架指向思维的元认知过程。

第一节　内容支架
——以古代文论话题的研究与写作教学为例

知识是逻辑关联的体系，现在的知识与过去的知识存在关联，此处的知识与彼岸的知识也存在关联。康德指出，知识是"按照必然法则关联起来的系统"，人通过理性实现知识"整体形式"的"系统化"[①]，将不完整的知识统整到更高原则的整体知识，实现知识结构的逻辑化。课程的起点是结构化的知识。进入语文教材的知识需要形成结构化、系统化和序列化，才能真正实现语文知识的育人功能，否则就是散落一地、杂乱无章的"珍珠"，容易让学生无所适从。如果强制性地让学生把这些"珍珠"全部捡回家，最终的结果也只是记住了一堆僵死的语文知识点，学生的核心素养发展将无法得到真正

---

① 康德. 纯粹理性批判[M]. 邓晓芒，译. 北京：人民出版社，2004：507—508.

落实，这也是 2002 年《义务教育语文课程标准》（实验稿）提出"不宜刻意追求语文知识的系统和完整"的历史背景。但是，一旦语文知识缺乏了系统性和完整性，语文学习终将成为一地鸡毛的零和游戏。学习的本质就是理解知识的逻辑性，理清知识点与知识点之间的结构关系，最终实现布鲁纳所提出来的观点："不论我们选教什么学科，务必使学生理解该学科的基本结构。""一门学科的课程应该决定于对能够达到的，给那门学科以结构的根本原理的最基本的理解。"[1]

知识都是抽象的存在，通过剥离细节使知识能在不同场景中使用。而文言文都是几百年乃至几千年前的人创作的作品，无论是"文言""文章""文学"还是"文化"，都与今天的生活相距甚远，都对学生理解这些古代复杂的语文知识提出了现实的难题。为了更好地实现文言文中"文言""文章""文学"和"文化"的教学价值，就应该设计有效的内容支架帮助学生深入理解文言文，实现中华优秀传统文化的育人功能。《普通高中语文课程标准（2017 年版）》要求学生在高中阶段学习古代文论，以提高文言文的阅读能力和鉴赏能力，培养中华优秀传统文化的阅读和鉴赏能力。古代文论是中国古代关于文学理论和批评的著作，如《诗品》《文心雕龙》等。这些作品不仅反映了古代文人对于文学创作的规律和方法的探索，也体现了古代文人对于社会、历史、人生、道德等方面的思考和见解。古代文论与教材里的文言文有着密切的关联，通过学习古代文论，可以帮助学生更好地阅读和鉴赏教材中的文言文。

本课例的高一学生已经在初中学习了一系列经典文言文名篇选读，如《出师表》《岳阳楼记》《滕王阁序》等。这些古代名家杰出之作具有很高的艺术价值和思想价值，如果只是单纯阅读这些作品，而不了解背后的创作背景、思想内涵、艺术特色等，就很难真正领略它们的魅力。因此，高中阶段需要进一步拓展视野，通过学习古代文论来深入探究文言文。

---

[1] 布鲁纳. 教育过程 [M]. 邵瑞珍，译. 北京：文化教育出版社，1982：31，47.

【课例呈现】

古代文论话题的研究与写作教学

一、古代文论概述

本部分学习活动主要通过小组讨论、头脑风暴、角色扮演等方式让学生对古代文论有初步认识。

1. 什么是古代文论？古代文论的基本概念和范畴。

根据教师提供的一些古代文论作品片段，小组讨论并总结出古代文论的定义、特点和分类，在课堂上展示和分享。

2. 古代文论有哪些特点？古代文论的形式、内容、风格和价值。

分成两组，一组负责列举古代文论形式和内容方面的特点，另一组负责列举古代文论风格和价值方面的特点，在课堂上互相交流和补充。

3. 古代文论有哪些分类？古代文论的主要流派和代表作品。

分成若干小组，每组选择一个古代文论流派，从中选出代表作品和作者，以该作者身份向全班介绍文论观点和作品特色，回答其他同学提问。

4. 古代文论如何发展？古代文论的历史演变和影响因素。

分成若干小组，每组负责一个时期的古代文论发展情况，在纸上画出时间轴，标注重要事件、作品、作者、流派等，在课堂上展示和解释。

5. 古代文论与文言文有什么关系？古代文论对文言文的指导、评价和启示。

分成若干小组，根据教师提供的文言文作品，以及与之相关的古代文论作品或片段，分析说明古代文论对于文言文作品的指导、评价和启示，在课堂上展示和分享。

二、古代文论与教材中的文言文

通过阅读、比较、评论等方式对教材中的文言文有深入理解。

1. 《诗经》与《诗品》。比较《诗经》与《诗品》对于诗歌的定义、分类、标准和评价，解读和鉴赏教材《诗经》选篇。

分成若干小组，每组选择一首或几首《诗经》中的诗歌，以及与之对应的《诗品》中的评价,比较两者异同,在课堂上展示和分享。

2.《楚辞》与《离骚赋》。分析《楚辞》与《离骚赋》对于楚辞的起源、特征、主题和风格,解释和评价教材《楚辞》选篇。

分成若干小组,每组选择一篇或几篇《楚辞》中的作品,以及与之相关的《离骚赋》中的评论,评论两者的内容和形式,在课堂上展示和分享。

3.《出师表》与《文章林后集》。探讨《出师表》与《文章林后集》对散文的要求、方法、技巧和效果,赏析和评论《出师表》。

分成若干小组,每组阅读并赏析《出师表》,以及与之相关的《文章林后集》中的评价,总结其中的要求、方法、技巧和效果,尝试模仿其风格写一篇类似散文在课堂上展示和分享。

4.《岳阳楼记》与《唐宋八大家》。对比《岳阳楼记》与《唐宋八大家》对散文家的评价、风格、思想和影响。

分成若干小组,每组阅读并欣赏《岳阳楼记》以及相关《唐宋八大家》中的评价,比较两者异同,并根据自己的体会写一段感想在课堂上展示和分享。

5.《唐诗三百首》与《唐诗正声》。综合《唐诗三百首》与《唐诗正声》对于唐诗的概括、分类、特色和价值以及教材中《唐诗三百首》选篇的理解和感受。

分成若干小组,每组选择一首或几首《唐诗三百首》中的诗歌以及相关的《唐诗正声》中的评价,理解两者的内容和形式,并根据自己的感受写一段评论在课堂上展示和分享。

三、古代文论话题研究与写作

通过自主选择、研究、探讨、写作等方式对古代文论进行思考和表达。

[学生例文]

《过秦论》文气论

文气论,是从"气"的角度研究创作主体在文学创作中的作用问题。基本观点是:文本于元气,元气通过人所禀受之气而形成文。故曰文以气为主。苏辙《上枢密韩太尉书》言:"其气充乎其中而溢乎其貌,动乎其言而见乎其文，而不自知也。"刘勰《文心雕龙·体性》亦提出："气以实志，志以定言。吐纳英华，莫非情性。"

对于《过秦论》，清人姚鼐在《古文辞类纂》中评它为"雄骏宏肆"，近人吴闿生在《古文范》的夹批中评它"通篇一气贯注，如一笔书，大开大阖"。归纳大多数评论者的意见，主要说这篇文章气势充沛，一气呵成，是古今第一篇气"盛"的文章。

文章以不同的句子表达同样的意思，并非啰唆重复，而是凸显文章的气势。"秦孝公据崤函之固，拥雍州之地，君臣固守以窥周室，有席卷天下，包举宇内，囊括四海之意，并吞八荒之心"。

本文有辞赋特色，讲究铺排渲染。以写赋的手法写说理散文，铺张扬厉，锐不可当，甚至让人有咄咄逼人之感。如"南取汉中，西举巴、蜀，东割膏腴之地，北收要害之郡"，渲染了攻取之快，展现了强秦的势力强大。

文章以叙事说理，多而不杂。可以说《过秦论》十分之七八都在叙事。既有孝公时代的崛起，又有惠文、惠武时期秦的发展，还有秦始皇统一全国之史实。叙事之丰富、饱满，可形成"充沛之气"。

文章还有多重对比，气势磅礴。比如秦自身先强后弱的对比，秦与六国之间的对比，秦和陈涉、秦和六国之间的对比。

姚鼐说："文字者，犹人之言语也，有气以充之，则观其文也，虽百世而后，如立其人而与言于此，无气则积字焉而已。意与气相御而为辞，然后有声音节奏高下抗坠之度、反复进退之态、彩色之华。"(《答翁学士书》)《过秦论》一气贯通，其妙无穷。

【课例观察】

泰勒在他那本著名的《课程与教学的基本原理》中指出：学习是通过学生的主动行为而发生的；学生的学习取决于他自己做了些什么，而不是教师做了些什么。[①] 巧妇难为无米之炊。学习的发生必须要以学习内容为基础，学习内容直接决定学习过程的展开、学习策略的选择，并最终影响学习目标的

---

① 泰勒. 课程与教学的基本原理 [M]. 施良方，译. 北京：人民教育出版社，1994：49.

落实。学习内容的展开需要通过支架来实现，以内容支架统整组织学习任务，实现语文学习活动的有效展开。内容支架有范例、问题、建议、向导、图表等不同类型，可以根据现实的学习情况选择合适的形式。

　　与文学的辉煌久远和丰富繁杂相对应，我国古代文论拥有独特辉煌的历史。学习这些文论的基本观点、原理和方法对中华优秀传统文化的传承具有重要的意义和价值。尽管《普通高中语文课程标准（2017年版）》提出了高中生学习古代文论的任务，但鉴于文论的抽象性，通常的做法也是浅尝辄止的碎片化介绍一些文论知识，缺乏系统性和条理性，学习效果非常有限。基于提高学生的文言文阅读能力和鉴赏能力的考虑，本节的教学案例以古代文论为主题，结合教材中的文言文作品，涵盖了古代文论的基本概念、特点、分类、发展、与文言文的关系等方面，以及与教材里的文言文作品的联系和比较，体现了教学的系统性和深入性，有效实现了文论所体现的"文"与"论"的统一，用理论来解释实践，用实践来验证理论。授课教师采用小组讨论、头脑风暴、角色扮演、时间轴制作、案例分析、阅读比较、评论评价、赏析模仿、理解感受等多种内容支架，激发了学习兴趣和阅读参与度，也锻炼了阅读、分析、评论、写作等能力。

　　如果从提升古代文论对文言文的理论价值指导角度而言，本教学案例可以引发如下思考：

　　第一，哪些古代文论适合高中阶段阅读？这是学习内容选择的问题。课标要求了解的古代文论片段和教材《中华传统文化专题研讨》第三单元"兴观群怨"所涉及的作品，是高中生学习古代文论的首选内容。以"古代文论"为主题的语文课程设计要依据课程标准进行教学设计，并依据课标的学业质量设计相应的学习内容。

序号	课标所涉及的古代文论选段	教材出处
1	诗者，志之所之也。在心为志，发言为诗。情动于中而形于言。言之不足，故嗟叹之；嗟叹之不足，故永歌之；永歌之不足，不知手之舞之，足之蹈之也。 ——《毛诗序》	统编教材高中语文选择性必修下册第一单元（注重以情感体验和艺术方式来表达："诗"言志）
2	盖文章，经国之大业，不朽之盛事。年寿有时而尽，荣乐止乎其身，二者必至之常期，未若文章之无穷。是以古之作者，寄身于翰墨，见意于篇籍，不假良史之辞，不托飞驰之势，而声名自传于后。 ——曹丕《典论·论文》	统编教材高中语文选择性必修中册第三单元（注重文艺的人文价值和精神意蕴：文道关系）
3	若乃春风春鸟，秋月秋蝉，夏云暑雨，冬月祁寒，斯四候之感诸诗者也。嘉会寄诗以亲，离群托诗以怨。至于楚臣去境，汉妾辞宫，或骨横朔野，或魂逐飞蓬；或负戈外戍，杀气雄边；塞客衣单，孀闺泪尽；又士有解佩出朝，一去忘返；女有扬蛾入宠，再盼倾国：凡斯种种，感荡心灵，非陈诗何以展其义，非长歌何以骋其情？故曰："诗可以群，可以怨。" ——钟嵘《诗品序》	统编教材高中语文选择性必修下册第一单元
4	感人心者，莫先乎情，莫始乎言，莫切乎声，莫深乎义。《诗》者，根情，苗言，华声，实义。 ——白居易《与元九书》	统编教材高中语文选择性必修下册第一单元
5	江馆清秋，晨起看竹，烟光日影露气，皆浮动于疏枝密叶之间。胸中勃勃，遂有画意。其实胸中之竹，并不是眼中之竹也。因而磨墨展纸，落笔倏作变相，手中之竹，又不是胸中之竹也。总之，意在笔先者，定则也；趣在法外者，化机也。独画云乎哉！ ——郑燮《题画》	统编教材高中语文必修上册第七单元

续表

序号	课标所涉及的古代文论选段	教材出处
6	词以境界为最上。有境界，则自成高格，自有名句。 境非独谓景物也，喜怒哀乐亦人心中之一境界。故能写真景物真感情者，谓之有境界。否则谓之无境界。 古今之成大事业、大学问者，必经过三种之境界："昨夜西风凋碧树。独上高楼，望尽天涯路"，此第一境也。"衣带渐宽终不悔，为伊消得人憔悴"，此第二境也。"众里寻他千百度，回头蓦见，那人正在灯火阑珊处"，此第三境也。此等语皆非大词人不能道。然遽以此意解释诸词，恐为晏欧诸公所不许也。 ——王国维《人间词话》卷上	统编教材高中语文必修上册第三单元

第二，传统文论如何传递给高中生呢？这是学习内容组织的问题，需要通过内容支架的设计来实现学习内容的深度理解。传统文论有高度、难度、深度，古典文论里面的某些观点、某些表述、某些概念不是很好理解。学生的学习能力有所匮乏，需要教师设计有效的内容支架把这种滋养传达给学生。本教学案例内容支架的创新在很大程度上降低了学习难度，激发了阅读兴趣。鉴于古代文论本身具有的高度没有办法降低，因此学习古代文论一定要结合教材里的文言文进行讲解，还应该结合学生的日常创作经验进行讲解，从而使学生读起文论才会有收获。比如学习古代文论"胸襟"这一概念就要引导学生联系杜甫、范仲淹的诗文，探究"胸襟"的内涵及其对诗文创作的重要性。

第三，对传统文论的扩容与增值。在日常文言文教学中，教师会随文联想到自己的人生经历和感悟。那么解读古代文论时也可以把自己的创作经历或某些作家的创作谈融进文论教学，还可以让学生运用古代文论思想尝试创作。这些做法表面上学的是古代文论的概念，实际上却是用理论来提升创作的方向性。扩容文论的内容，可以使经典生活化、感性化，而且使得经典得以延展，面貌更丰富、内涵更充实。

汤因比在《历史研究》里面讲："历史是一个能够自我增加的东西。"不同时代的人用不同的眼光、不同的智慧和不同的见识对古代文论进行解读，就是在对古代文论做增值工作。比较辨析不同学者对某一文论的不同看法，让学生对一些话题展开讨论，比如"文如其人还是文非其人""功利价值与审美价值"，辩证认识古代文论思想，其本质也是语文知识的增值，提升文论与文言文的逻辑关联性。

第四，对传统文论养分的有序呈现。需要对传统文论进行集中爬梳和整理，呈现本真风范，汲取有益养分，使之在当代展现出蓬勃生命力。比如由"诗"到"诗言志"，再到"诗缘情"，再到"诗者：根情，苗言，华声，实义"等，这就是一个关于"诗"文体范畴的命题组序：

诗言志。（《尚书·舜典》）

诗，可以兴，可以观，可以群，可以怨。（《论语·阳货》）

诗所以合意。（《国语·鲁语》）

诗无达诂。（《春秋繁露·精华》）

诗者，志之所之也。（《毛诗序》）

诗缘情。（《文赋》）

诗者，持也，持人情性。（《文心雕龙·明诗》）

诗者：根情，苗言，华声，实义。（《与元九书》）

以"诗"为中心，在历代文论家的思想"加持"下，众多讨论"诗"的命题形成了一个清晰的组序，呈现出"诗"这一文体在中国文论史上的发展流变脉络，凸显了语文知识的结构化、系统化和序列化。

【教学探讨】

为了提升古代文论教学的可操作性，通过课例观察，总结了辩证式、评鉴式、案例式、比较式四种内容支架类型。这四种支架不仅适用于古代文论的教学，经过适当改动还可以适用文言文的教学。实质上，文论与文言文就像一个硬币的两面，只有二者结合起来，文言文教学才能真正恢复生机和活力。

一、辩证式内容支架

世界是一个矛盾的整体，有善有恶，有好有坏，有高峰有低谷。没有矛盾就没有世界。矛盾就是事物，就是运动，就是思想，就是问题。正反相对，相辅相成。辩证式内容支架通过选择具有对立价值的材料，通过比较的方式提升学生思维的严谨性和全面性。

[学习活动一]

"文如其人"还是"文非其人"

（一）"文如其人"的古典文论举隅

序号	传统文论举例
1	《毛诗序》："诗者，志之所之也。在心为志，发言为诗。"
2	曹丕《典论·论文》："文以气为主，气之清浊有体，不可以力强而致。"
3	苏轼《答张文潜书》："子由之文实胜仆，而世俗不知，乃以为不如；其为人深不愿人知之，其文如其为人。"
4	明代冯时可《雨航杂录》："永叔伣然而文温穆，子固介然而文典则，苏长公达而文遒畅，次公恬而文澄畜，介甫矫厉而文简劲，文如其人哉！人如其文哉！"
5	法国文学家布封："风格就是人本身。"

（二）"文如其人"的理论内涵及其案例

1. 理论内涵

（PPT 展示）

"文如其人"是中国非常流行且历史悠久的表述，包含两种内涵：一是指文章风格与作者的道德品质相一致，风格是道德的外显。在这种意义上，人们常将道德和文章并称，认为立身和为文不可分离。一是指文章风格与作者的性格、气质、才情、学识、情感等相联系，风格是作者个性的自然流露。

[作业设计] 请试着在方框内补写隐含前提。

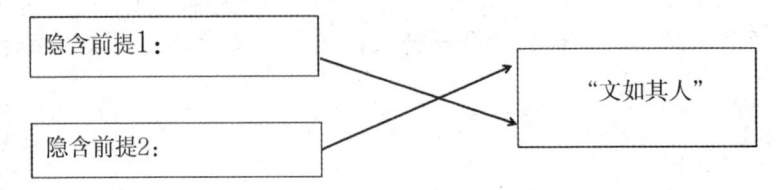

```
隐含前提1: _____         ┐
                          ├──→  "文如其人"
隐含前提2: _____         ┘
```

2. 具体案例——苏轼

（PPT展示1）"诗是心声……故陶潜多素心之语，李白有遗世之句，杜甫兴'广厦万间'之愿，苏轼师'四海弟昆'之言。凡如此类，皆应声而出。其心如日月，其诗如日月之光。"（叶燮《原诗》）

（PPT展示2）陶潜、李白、杜甫、苏轼等人的诗文。

（三）质疑"文如其人"

（PPT展示3）金代元好问在《论诗三十首》中说："心声心画总失真，文章宁复见为人？高情千古《闲居赋》，争信安仁拜路尘！"今人钱钟书《谈艺录》中说："以文观人，自古所难。"

问题：为什么会产生"文不如其人"的现象？这种现象出现是不是意味着"文如其人"这个古典文论是错误的呢？

预设：1. 环境不同。艺术世界与生活世界不同，"文"是作家创造的自由的想象世界，而作家处在各种复杂的功利性社会关系，不能用艺术世界衡量现实生活。2. 行为不同。做人与为文不存在必然相关性。做人靠道德素养，为文靠知识才能，作家才能可弥补情感不足。3. 方式不同。作家通过语言有限地表达生活，"文"未必是作家真实自我，通过现实生活了解人品远比"文"可靠。4. 结果不同。"文"一发表就固定，"人"却不断变化，可能变得更好，也可能更糟。

（四）"文如其人"对当下学习生活的启示

一是，如何正确看待"文"与"人"的关系；二是，文学阅读，既要看作者说了什么，更要关注作者没说（规避或隐藏）的内容；三是结合当前"为流量""为畅销"而创作的作品，很少能从作品看出作家的精神面貌和人格修养，可见，重提"文如其人"的重要性。

二、评鉴式内容支架

评价本质上是一种事实判断，而不是价值判断，需要我们根据客观的标准认识事物，对事物进行评价和鉴别。评鉴式内容支架就为我们提供了认识事物的抓手，我们可以对评价进行再评价，特别是选择历史上对同一种行为的不同评价观点来提升思维的立体性、全面性和逻辑性。

[学习活动二]

1. 刘熙载在《艺概·文概》中用"有路可走，卒归于无路可走"一句话，来概括《离骚》一文的旨意；用"无路可走，卒归于有路可走"一句话，来概括《庄子》一书的旨意。你是如何理解这一评价的？

2. 就传统叙事方法，刘熙载《艺概·文概》有云："有特叙，有类叙；有正叙，有带叙；有实叙，有借叙；有详叙，有约叙；有顺叙，有倒叙；有连叙，有截叙；有豫叙，有补叙；有跨叙，有插叙；有原叙，有推叙。种种不同，惟能线索在手，则错综变化，惟吾所施。"

请简要分析教材里的《鸿门宴》《登泰山记》《石钟山记》等叙事类文言文是如何运用这些传统叙事方法的。

三、案例式内容支架

案例是承载意义的典型事件。案例的价值在于它可以成为教育、说服和思考的工具。通过案例，我们可以理解历史，审视现实，观照未来。知识都是历史的积淀，学习知识就是为了通过对历史的认知来审视现实和观照未来。因此案例式内容支架为我们通过一篇篇文章来实现语言文字运用能力培养的语文课程目标提供了有力支持，很好地实现了理论与实践的统一。当然，案例式内容支架也是考试出题的重要方式。

[学习活动三]

【2023年新课标Ⅱ卷】阅读下面这首宋诗，完成15—16题。

湖上晚归　林逋

卧枕船舷归思清，望中浑恐是蓬瀛。
桥横水木已秋色，寺倚云峰正晚晴。
翠羽湿飞如见避，红蕖香袅似相迎。
依稀渐近诛茅地［注］，鸡犬林萝隐隐声。

［注］诛茅地：诗中指人的居所。

15.（略）

16. 王国维说："以我观物，故物皆著我之色彩。"这一观点在本诗中是如何得到印证的？请简要分析。（6分）

四、比较式内容支架

世界是相互联系的整体,在联系中认识世界的有效方法就是比较。比较是根据特定需要把相互关联的事物进行分析、对比找出内在联系、共同规律和特殊本质的思维方法。有比较才能有鉴别,有鉴别才有提高。所以马克思高度评价比较是"理解现象的钥匙"①。比较式内容支架通过选择不同时代、不同地域、不同体裁、不同主题的文本进行比较,在比较中思辨,在思辨中统整,在统整中发展核心素养。

[学习活动四]

1. 请阅读罗文雯《学知不足,文如其人——我眼中的外公臧克家》这篇回忆性散文,并举两个例子佐证作者评价其外公臧克家先生"文如其人"这一观点。

2. 王国维说:"境非独谓景物也,感情亦人心中之境界。故能写真景物真感情者,谓之有境界,否则谓之无境界。"这一观点在柳青《创业史》中所写的西北平原之晨如何得到印证的?请简要分析。(6分)

[材料链接]

早春的清晨,汤河上的庄稼人还没睡醒以前,因为终南山里普遍开始解冻,可以听见汤河涨水的呜呜声。在河的两岸,在下堡村、黄堡镇和北原边上的马家堡、葛家堡,在苍苍茫茫的稻地野滩的草棚院里,雄鸡的啼声互相呼应着。在大平原的道路上听起来,河水声和鸡啼声是那么幽雅,更加渲染出这黎明前的宁静。

空气是这样的清香,使人胸脯里感到分外凉爽、舒畅。

——选自柳青《创业史》

---

① 金炳华. 哲学大辞典(修订本)[K]. 上海:上海辞书出版社,2001:72.

第二节 过程支架
——以深度学习视域下的文言文作业设计为例

学如逆水行舟,不进则退。

书山有路勤为径,学海无涯苦作舟。

绳锯木断,水滴石穿,学道者须加力索。

知识的复杂性导致了学习过程的艰难性,这些关于学习的名言可见一斑。加涅将人类学习的结果分为言语信息、智慧技能、认知策略、动作技能和态度五种类型[1],前三种属于认知领域,后两种分别对应于动作技能领域和情感领域。而每一个不同的知识类型又可以细分为不同的小类,从而形成结构化的知识网络。比如与语文密切关联的"言语信息"就可以细分为符号记忆类知识、事实性知识和有组织的整体知识三种类型[2]。不同的知识具有不同的学习过程,也需要采用不同的学习方法。

对于语文学习过程,古代有非常多的归纳和概括。比如孔子的"学—思—习—行"四环节,《中庸》的"学—问—思—辨—行"五阶段,"朱子读书法"基于循序渐进的读书原则提出"学—问—思—辨—习—行"六阶段。近现代有黎锦熙的"三段六步法",上海育才中学"读读—议议—练练—讲讲"的"八字教学法",潘凤湘的八步教读法,钱梦龙的三主四式语文导读法,魏书生的"自学六步教学法"等。这些教学方法从过程支架维度总结了语文学习过程的经验,也为文言文学习的过程支架设计提供了参照。

教学案例聚焦"理想社会"。人类具有设想和追求美好事物的能力,理想社会便是人们设想和追求的美好社会。人类的终极目的是实现幸福最大化,最理想的社会应该是社会成员获得最大限度幸福的社会。理想社会的本质是

---

[1] 加涅. 学习的条件和教学论[M]. 皮连生,等,译. 上海:华东师范大学出版社,1999:46—65.

[2] 皮连生. 学与教的心理学[M]. 上海:华东师范大学出版社,2009:98—107.

为社会成员实现幸福提供最大限度的社会必要条件。

　　历史上，每个民族都对理想社会提出过自己的设想。希腊哲学家柏拉图提出的"理想国"，英国社会学家托马斯·摩尔提出的"乌托邦"，意大利思想家康帕内拉提出的"太阳城"，德国社会学家马克思提出的共产主义社会，等等。中国古代无数仁人志士也一直在探索追寻理想的中国社会模式，我们可以通过文言文经典篇目的学习深入了解理想社会的追求。理想社会，我国古代称之为"大同"。天下大同，体现了中国古人对共有和共享的理想社会的向往，也影响了近代中国人对共和政治和社会主义的理解和接受。源远流长的"大同"的理想社会有几种类型：儒家的"大同"、道家的"小国寡民"、法家的"法治"和墨家的"兼爱"。

【课例呈现】

关于古人理想社会的作业设计

一、材料展示

材料一：

　　察此何自起？皆起不相爱。若使天下兼相爱，爱人若爱其身，犹有不孝者乎？视父兄与君若其身，恶施不孝？犹有不慈者乎？视弟子与臣若其身，恶施不慈？故不孝不慈亡。犹有盗贼乎？视人之室若其室，谁窃？视人身若其身，谁贼？故盗贼有亡。犹有大夫之相乱家、诸侯之相攻国者乎？视人家若其家，谁乱？视人国若其国，谁攻？故大夫之相乱家、诸侯之相攻国者有亡。若使天下兼相爱，国与国不相攻，家与家不相乱，盗贼无有，君臣父子皆能孝慈，若此则天下治。

　　故圣人以治天下为事者，恶得不禁恶而劝爱？故天下兼相爱则治，交相恶则乱。故子墨子曰不可以不劝爱人者，此也。

——墨子《兼爱上》

材料二：

　　老吾老，以及人之老；幼吾幼，以及人之幼：天下可运于掌。

　　今王发政施仁，使天下仕者皆欲立于王之朝，耕者皆欲耕于王之野，商贾皆欲藏于王之市，行旅皆欲出于王之涂，天下之欲疾其君者皆欲赴诉于王。其若是，孰能御之？

五亩之宅，树之以桑，五十者可以衣帛矣；鸡、豚、狗、彘之畜，无失其时，七十者可以食肉矣；百亩之田，勿夺其时，八口之家可以无饥矣；谨庠序之教，申之以孝悌之义，颁白者不负戴于道路矣。老者衣帛食肉，黎民不饥不寒，然而不王者，未之有也。

——《孟子·梁惠王上》

材料三：

今儒、墨皆称先王兼爱天下，则视民如父母。何以明其然也？曰："司寇行刑，君为之不举乐；闻死刑之报，君为流涕。"此所举先王也。夫以君臣为如父子则必治，推是言之，是无乱父子也。人之情性莫先于父母，皆见爱而未必治也，虽厚爱矣，奚遽不乱？今先王之爱民，不过父母之爱子，子未必不乱也，则民奚遽治哉？且夫以法行刑，而君为之流涕，此以效仁，非以为治也。夫垂泣不欲刑者，仁也；然而不可不刑者，法也。先王胜其法，不听其泣，则仁之不可以为治亦明矣。

……

故明主之国，无书简之文，以法为教；无先王之语，以吏为师；无私剑之捍，以斩首为勇。是境内之民，其言谈者必轨于法，动作者归之于功，为勇者尽之于军。是故无事则国富，有事则兵强，此之谓王资。既畜王资而承敌国之衅，超五帝侔三王者，必此法也。

——《韩非子·五蠹》

材料四：

林尽水源，便得一山，山有小口，仿佛若有光。便舍船，从口入。初极狭，才通人。复行数十步，豁然开朗。土地平旷，屋舍俨然，有良田、美池、桑竹之属。阡陌交通，鸡犬相闻。其中往来种作，男女衣着，悉如外人。黄发垂髫，并怡然自乐。

——陶渊明《桃花源记》

二、作业设计

以上经典文言篇目反映了古人对理想社会的追求，代表人类对未来社会和理想世界的美好憧憬。墨子、孟子、韩非子和陶渊明四人对实现理想社会的追求设想，你对谁感触最深？小组讨论，探究古人设想在当今社会的现实意义。

[学生例文一]

以法治国，古今一也

我对韩非子以法治国的感触最深。

中国理想社会应当是法治社会。法是自然规则在人类社会的体现，法治是人类理想的社会状态。通过法律规定公民的权利与义务，保障社会的良性运行，进而通过依法治国来达到法治社会，建设社会主义法治国家。

就墨子而言，兼爱要求"视人之身若视己之身；视人之家若视己之家；视人之国若视己之国"，无个人、家庭、国界之别的关爱。诚然，兼爱能促进人与人之间互惠互利，国与国之间合作共赢。但这样摩顶放踵、亏己利人的精神却使得人人难以躬行。

而孟子的理想社会，明君制民之产保障百姓生活；官员以人为本为百姓谋利益；百姓通过教育发挥出善良本性，实现大同社会。然而这里的以人为本，并非真正的民主，而是保民而王，其根本目的是维护统治者的利益，无法实现真正的民主。

还有陶渊明所追求的世外桃源，那是一个没有阶级，没有剥削压迫，人人自食其力、自得其乐、安定富足的理想社会。这样的"桃花源"远离尘世，诚然能做到独善其身，却带有消极避世的色彩，无益于整个社会的发展进步，最终也只会破灭于乱世硝烟。

韩非子则认为父母的疼爱未必能使家庭和睦，君主的仁爱未必能使天下安定。因此不能以博爱治天下，而要以法治天下。这样，如果每一个社会成员都能遵循法治社会的内在规律，就能够把握宇宙运行的大道；如果每一个社会成员都能依据法律规范处理事务，就能实现井然有序、案堵如故的理想社会状态。

所以，我认为韩非子的法治思想可以助益我们对当代理想社会的追求。

[学生例文二]

儒家大同理想与中国梦

安居乐业、社会和谐、天下太平似乎从古至今都是人们设想和追求的理想社会。从探赜索隐寻求仁爱大同社会的孔孟，再到呕心沥血追寻中国社会主义事业取得伟大胜利的毛主席，乃至今日仍在向中华民族伟大复兴之路不断迈进的无数中华儿女，无不在为理想社会的中国梦不懈努力奋斗。中国古代无数仁人志士也一直在探索追寻理想的中国社会模式。从儒家大同理想中，我们不难追寻到中国梦的踪迹。

儒家所追寻的大同理想，历来为君主沿用、百姓推崇。是《礼记》中"大道之行也，天下为公。选贤与能，讲信修睦"；是孔子"莫春者，春服既成，冠者五六人，童子六七人，浴于沂，风乎舞雩，咏而归"；是孟子"是故明君制民之产，必使仰足以事父母，俯足以畜妻子，乐岁终身饱，凶年免于死亡"……儒家无不追寻与实践一个完美的理想社会。

中国梦与儒家大同理想之间存在着内在的传承性。儒家历来强调以民为本，民惟邦本，本固邦宁、民贵君轻、民水君舟，提出了一系列重民、富民、裕民、教民的思想。今天，我们提出的中国梦更是人民的梦，不仅仅是因为中国梦的实现需要紧紧依靠人民，更是因为实现中国梦的根本目的是实现好、维护好、发展好最广大人民的根本利益。虽然儒家强调以民为本，根本目的是为了维护封建统治，带有一定的历史和阶级局限，但毫无疑问，儒家民本思想对我们今天所强调的以人为本有着重要影响。

"长安何处在，只在马蹄下。"今天，我们实现中国梦的过程不会是一帆风顺的，也不会是一蹴而就的，要随时面对各种风险与挑战，需要经历长期的努力奋斗。经过一代又一代中国人的共同努力，我们一定能够开创民族复兴的光明前景，伟大的中国梦一定能变成现实。

[学生例文三]

夫行之念，安国之盛？

先秦时期百家争鸣，墨家便是当时思潮中璀璨的一朵浪花。墨家思想在历史车轮滚滚向前中保留下来，其中墨子的"兼爱"理论尤为熠熠生辉。

墨子认为一切矛盾的根源在于"不相爱"。墨子提倡兼相爱，交相利。于我看来，兼爱是一种包容大度，是一种推己及人、互利共赢的态度。提取其中精华，对构建理想社会或大有裨益。

党的十八大以后，中国特色社会主义进入新时代，国家实力和人民生活水平都得到极大提高。随之而来的社会的主要矛盾的转变也体现出人民对各方面需求的提高，人们不再如以往一般满足温饱问题即可，更要求丰富的物质与精神生活。新时代，社会一方面取得辉煌成就；另一方面也显露了一些问题：有的人贪婪如嗜血，为私欲蒙蔽了双眼，害他人以利己；有的人萎靡颓废，妄想不劳而获，为自我的舒适，窃取他人成果；有的人道德败坏，破坏公序良俗。这些人出于对自己过上更高水平生活的渴望，伤害了除自己以外的个体或群体。我认为这是这部分人没有做到"兼爱"所导致的。只为自己，不顾及自己以外的事物，最终非但不能达成目的，反而会引起自噬。

以更宏观的视角来看，兼爱更体现在国与国之间。现如今的共赢共利共享，摒弃地理与语言的界限，共建人类命运共同体又何尝不是一种"兼爱"？

因而，我认为，在如今的时代背景下，墨子的兼爱更符合理想社会的范畴。

【课例观察】

核心素养时代的语文学习必须跳出"死记硬背"的藩篱，从机械式的浅表学习上升为有意义的深度学习。艾根从知识论视角论述了"深度"的三大标准：充分广度、充分深度和充分关联度。[①] 充分广度要求在历史和现实整合中深入知识的背景和观念背后理解知识生产过程和意义价值。学习深度关联知识表达的认知方式和价值观念，通过深度学习激活高阶思维，在分析、综合、反思、评价实现知识自主建构和知识结构的整合创新。深度学习的知识关联指向知识的丰富内涵及其与思想观念和社会现实的内在关联。只有实现知识的深度关联才能理解知识生产的文化背景，实现知识深度理解。文言文的深度学习体现在三个方面：建构知识关联、知识的批判性理解、知识的迁

---

① 郭元祥. 深度学习：本质与理念［J］. 新教师，2017（7）：11—14.

移与应用。

(一) 建构知识关联

SOLO分类法将学习结果的质量从浅层学习到深度学习的渐进提升过程,分为前结构层、单点结构层、多点结构层、关联结构层、抽象拓展结构层五个层级水平。处于关联结构和抽象拓展结构,学生就进入了深度学习状态。学生能够关注所学知识与已有知识的充分联系,实现知识与知识之间的有机融合,学科知识与生活世界的有效衔接。教学案例的主题是"古人对实现理想社会的设想在当代的价值",契合高中语文必修下第一单元第三项"单元学习任务",选取教材中的《墨子》《孟子》和《桃花源记》,并链接课外文言文《韩非子·五蠹》作为过程支架,有效衔接所学知识和已有知识、学科知识和生活世界。

(二) 知识的批判性理解

深度学习是基于"理解"的学习过程。温儒敏先生说:"文言文、古诗词,以及某些比较难懂的经典文章,老师还是要先帮助学生读懂读通,才谈得上研习活动。还没有读懂,就研习什么传统文化,完成什么任务,那只能是游谈无根。"从学生例文来看,学生对教材选文的儒家思想、墨家思想还没有真正读懂,对课外选取的韩非子《五蠹》的思想也没有全面理解,因此所写的文章看似洋洋洒洒、气势磅礴,但细究起来,还有不少地方的认识与思考不准确:例文一对孟子"五亩之宅,……八口之家可以无饥矣"的认识不准确。孟子认为没有一定的物质生活基础就不可能有良好且稳定的道德意识,这是正确的。但这种物质生活基础只是基本的物质生活条件,不是全面小康的物质生活条件,还达不到我们对理想社会的物质标准。例文三认为"兼爱是一种包容大度,是一种推己及人,互利共赢的态度",其中"推己及人"恰恰与"爱无差等"的兼爱相矛盾。对知识的批判性理解存在偏误,说明过程支架的设计还需要进一步斟酌。

(三) 知识的迁移与运用

学生对知识的理解达到一定深度,迁移才会发生。这种知识迁移主要分为"语文学科内部的知识迁移"和"语文学科内部和相关学科之间的知识迁移"两种类型。无论是哪一种类型,知识迁移与运用的过程都离不开过程支架的作用。作业设计的第一个问题需要比较墨子、孟子、韩非子和陶渊明四人对实现理想社会的追求的不同设想,通过选择不同文本的过程支架实现语文学科内部的知识迁移,重组和整合已有知识体系,解决与语文学科相关的实际问题。解决作业设计的第二个问题需要运用语文学科内部和社会学、经济学、伦理学等学科之间的知识内容,独立解决生活中遇到的实际问题,并懂得"何时""何事""如何""为何"运用这些知识。只有多读、深思,才能实现从"书本"走向"生活",这正是深度学习最大的实践价值。

【教学探讨】

学习过程离不开正确的学习内容和有效的学习环节。以"古人理想社会的设想在当代的价值"的作业设计为例,从确定学习内容、搭建思维阶梯两个方面阐述促进学生从浅层学习转向深度学习的过程支架。

一是确定作业内容。

作业设计的各项内容至少要有这两个特征:一是作业设计的学习任务,不能照搬照抄现成知识或教材内容,而应当充当学生旧知识和新知识的桥梁;二是引导学生逐渐从旧起点走向拓展点,在活动中结合自身经历,从文言知识走向生活世界。下面是高中语文必修下第一单元的第三项"单元学习任务",在阅读策略和解决路径上阐述先贤思想既有"借鉴之处",也有"不足之处",不能全盘否定,也不能全盘接受,它包含着大胆的质疑、辩证的认知、公正的评估与谨慎的反思。当学生在课堂上能够理解语文知识并综合运用它们来表达观点、建构意义时,我们就可以说学生学习语文知识进入一定深度了。

阅读材料中的文化经典,既要充分理解先贤的思想,也要立足现实,自主思考。以下提供几个话题供大家思考:

话题1:孟子劝说齐宣王"发政施仁",认为"推恩足以保四海"。他对实现理想社会的设想,在今天看来有什么可资借鉴之处?又有哪些不足?

二是搭建思维阶梯。

在学习发生阶段应了解学生已经掌握了哪些先有概念、经验和知识,在哪些问题上可能有困惑。教学案例一下子进入"你对谁的设想感触最深"这种复杂而综合的题目自然会产生很大的思维阻力，可能存在这些迷思：儒家和墨家在"爱"的主张上有何不同？儒家"推己及人"的"推恩"设想在今天有何可取之处，又有哪些不足？针对这些不足，墨家学说是否对我们建设理想社会有所启发？以韩非子为代表的法家，又与儒、墨二家的观点有何不同？学生能读懂《韩非子·五蠹》吗？还有哪些文言文基础知识有理解的障碍？等等。如果先审视可能存在的迷思，教师就可以通过搭建过程支架促进学生思维过程层层深入。

过程支架1：

材料一和材料二反映了墨家与儒家在"爱"的主张上有所不同，请简要概括。

【参考答案】墨家主张"爱无差等"的兼爱，天下之人皆相爱；儒家认为"爱"的扩充是由己推人，由近及远，即"爱有差等"。

过程支架2：

《桃花源记》末尾补记了高尚士刘子骥欲寻桃源未果的事，这样安排有什么作用？这说明"桃花源"是怎样的社会？

【参考答案】第一问：这样的补记，给渔人误入桃花源的神异事件提供了一个真实的背景。纪实与虚构的对接，从渲染力上增强了故事的纪实性，让桃花源的存在产生亦真亦幻的迷离效果。第二问：桃花源作为一个虚构的理想时空，既有儒家的忧勤惕厉，又有道家的自得超然。桃花源的理想社会是建立在文化秩序中已经形成的自然与文明、理想与现实冲突的基础上的。

过程支架3：

《韩非子·五蠹》中的词语运用、句式构成、推理形式等话语方式，具有哪些特点？为什么？（语言风格和说理方式）

提示：多用"必（或未必）"、多用短句、采用排比、多用"故""是故"等词语进行因果推理，穿插反问句和肯定式判断句等。

【参考答案】第一问：不容置疑、果决直接、明白晓畅等特点。第二问：这些话语特点是为《韩非子》的法治思想服务的。

过程支架4：

以上经典文言篇目反映了古人对理想社会的追求，代表着人类对未来社会和理想世界的美好憧憬。墨子、孟子、韩非子和陶渊明四人对"理想社会"提出了自己的设想，你心目中"理想社会"又是怎样的？请结合生活体验谈一谈。

通过搭建分层而有序的过程支架帮助学生解决作业设计中复杂的学习活动，助力学生在高阶思维上实现深度学习真实发生。

第三节　策略支架
——以《河中石兽》教学中科学思维培养为例

认知心理学将知识分为陈述性知识、程序性知识和策略性知识三大类型。[①] 其中策略性知识是指如何学习、记忆或解决问题的一般方法，包括应用策略进行自我监控的方法。策略性知识属于特殊的程序性知识，是关于如何运用陈述性和程序性知识的监控系统。在语文学习过程中的策略性知识主要包括读书方法、阅读理解方法、自我监控方法等类型。比如文言文的朗读方法就与一般的文章存在差异，文言文的理解也与现代散文的理解显著不同。朱子读书法提出的"循序渐进、熟读精思、虚心涵泳、切己体察、著紧用力、居敬持志"等六条读书方法就更适合文言文。其中"熟读精思"要求将文章读得滚瓜烂熟以至于达到熟读成诵的地步，这个方法显然不太适用于中学的说明文、议论文乃至散文或者小说阅读。因为当今教科书中的此类文本篇幅很长，语言文字的运用也不适合朗读和背诵，缺少朗朗上口的韵律感和节奏感，再加之分科教学背景下语文教学时间有限，共同决定这些读书方法的适用性需要区别对待。

指向方法的策略性知识学习也需要支架的帮助。没有支架，学生并不能有效运用这些方法来有效地开展文言文学习。布鲁姆的教育目标分类学将学

---

① 皮连生. 知识分类与目标导向教学——理论与实践［M］. 上海：华东师范大学出版社，2000：8.

习目标分为认知、情感和动作技能三个领域。[①] 与三个学习领域相对应的学习策略就有认知策略、情感策略和技能策略，对应的策略支架就有认知策略支架、情感策略支架和训练策略支架。比如，认知领域的学习目标包括知识、领会、运用、分析、综合和评价等六个类别，其中分析目标就有分析策略支架以帮助学生有效推进文言文阅读。

从一般意义上讲，常见的策略支架有分析、图表、问题、建议、对比、角色扮演和教学解释等。分析可以条分缕析、抽丝剥茧、层层进阶地呈现事物发展的实践逻辑，有助于抽象事物的外显和再现。图表支架可以直观展现事物之间的关联，系统把握复杂问题的脉络，展示全局性的思维过程，将知识网络化、思维可视化，特别适合为高阶思维活动提供学习支持。流程图、关系图、进度表、鱼骨图、知识图谱等各式图表支架运用广泛。问题支架设置一个或多个环环相扣的问题，引发学生层层深入地思考和探究，有助于学生了解问题解决的过程和方法，掌握问题解决策略，培养高阶思维，促进深度学习。角色扮演可以让学生更好地理解人物的思想感情，个性化地体会文章主旨。

本节通过《河中石兽》的教学案例论述"求真"科学思维培养过程中的策略支架运用。《河中石兽》选自清代学者纪昀的《阅微草堂笔记》。这种志怪笔记以治学问法而志怪，将神怪叙事传统置于考据学风之中，形成了立说、辨证、旁究物理的所谓"著书者之笔"。这篇文章希望通过解决"寻找河中石兽"这一具体深细的切实问题来记录自然现象、阐释科学原理、传达人文意味。作者纪昀以简练平实的语言，告诉我们"求真"的人生哲理——认识事物不可片面地理解，更不能主观臆断，而要全面深入地调查探究事物的特性。

【课例呈现】

《河中石兽》教学中科学思维培养

片段一：分析支架

问题一：文中描写讲学家、老河兵两人神态的句子有什么不同呢？

[①] 布鲁姆. 教育目标分类学：认知领域 [M]. 罗黎辉, 译. 上海：华东师范大学出版社, 1986：8.

预设："一讲学家设帐寺中，闻之笑曰"和"一老河兵闻之，又笑曰"两句中，"闻之"和"笑曰"之间，前者没逗号，后者有逗号。

问题二：从逗号理解两人不同的心理。

预设：没有逗号，形式紧凑，脱口而出，体现说话者急于表达见解；加了逗号，形式松散，说话者沉吟思考，不慌不忙。

问题三：讲学家："尔辈不能究物理。是非木杮，岂能为暴涨携之去？"老河兵："凡河中失石，当求之于上流。"理解两人表述石兽位置的句子所体现的不同心理。

预设：讲学家用反问句，足见他的自信和对僧人等的鄙视；老河兵用陈述句，可见他沉稳谦逊，"凡"字透露出他的自信。

问题四：通过陈述判断理由理解两人的不同心理：①"乃石性坚重，沙性松浮……"和"盖石性坚重，沙性松浮……"。②"然则天下之事，但知其一，不知其二者多矣，可据理臆断欤？"中"其一"和"其二"是并列关系吗？

预设：①前者用了一个"乃"字，表示肯定判断，足见讲学家自信，甚至有点自负；后者用表示猜测判断的"盖"字，尽管老河兵对自己的判断信心满满，但还是表现得很谦逊。②"但"不是连词，而是副词，"只""仅仅"的意思。

小结：通过实词、虚词、句式等语言特点的层层辨析，进一步加深对人物形象的认识。

片段二：图表支架

任务：《河中石兽》是清代纪昀所写的短篇文言小说，讲述寺僧、老河兵、讲学家三人对于寻找石兽的不同做法。小组讨论并完成表格。

人物	位置	所据之理	结果
僧人	水中		
		以为顺流下矣	
讲学家			无果
老河兵	上游		

(PPT 展示答案)

人物	位置	所据之理	结果
僧人	水中	哪儿沉哪儿找	竟不可得
	下游	以为顺流下矣	寻十里无迹
讲学家	地中	石性坚重，沙性松浮， 湮于沙上，渐沉渐深耳	无果
老河兵	上游	（注：文段较长，见教材）	果得于数里外

问题一：从上述表格悟出怎样的道理？

预设：僧人和讲学家对事物的认知是主观臆断。老河兵对原因的分析最有道理，说明老河兵经验丰富，实践出真知。

问题二：要想接近真相必须有质疑精神，不能迷信和盲从。阅读下面这个故事，思考老河兵的说法就一定正确吗？

（PPT 展示）

唐代开元年间，山西永济蒲津渡的渡口两岸各铸造了四尊铁牛、四个铁人、两座铁山等，组成了拴系浮桥所必需的锚碇系统。后因黄河改道，铁牛等没入水中，埋在地下。1989 年，东岸铁牛由河滩下挖出，铁牛和铁人排列整齐，还在原址。

预设：石兽和铁牛相比太轻了，水的冲击力可能很小，根本不会有什么坎穴。

总结：遇到同样的问题，对象不同，思考方式不同，结果也大相径庭。世间万物都在发展变化，不可据旧理臆断新事物，需要学习更多知识，敢于质疑，系统全面地深入思考，才能无限接近事物真相。

片段三：比较支架

（甲）一老河兵闻之，又笑曰："凡河中失石，当求之于上流。盖石性坚重，沙性松浮，水不能冲石，其反激之力，必于石下迎水处啮沙为坎穴。渐激渐深，至石之半，石必倒掷坎穴。如是再啮，石又再转，转转不已，遂反溯流逆上矣。求之下流，固颠；求之地中，不更颠乎？"如其言，果得于数里外。然则天下之事，但知其一，不知其二者多矣，可据理臆断欤？

——选自纪昀《阅微草堂笔记》

（乙）陕西因洪水下大石塞山涧中，水遂横流为害。石之大有如屋者，人力不能去，州县患之。雷简夫为县令，乃使人各于石下穿一穴，度如石大，挽石入穴窖之，水患遂息也。

——选自沈括《梦溪笔谈》

学习任务：（甲）（乙）两个语段都体现了古人的智慧，请结合语段相关内容分析其具体表现。

【参考答案】（甲）老河兵具体问题具体分析，准确把握沙、石兽、水的关系，推断出河中石兽的位置，体现了古人的智慧。（乙）巨石凭借人力难以移开，雷简夫转换思路在巨石下挖巨石大小的坎穴，拉巨石入坎穴平息水患，体现了古人的智慧。

片段四：问题支架

（一）河源屡经寻讨，故始得其远；江源从无问津，故仅宗其近。其实岷之入江，与渭之入河，皆中国之支流，而岷江为舟楫所通，金沙江盘折蛮僚溪峒间，水陆俱莫能溯。……既不悉其孰远孰近，第见《禹贡》"岷山导江"之文，遂以江源归之，而不知禹之导，乃其为害于中国之始，非其滥觞发脉之始也。导河自积石，而河源不始于积石；导江自岷山，而江源亦不出于岷山。岷流入江，而未始为江源，正如渭流入河，而未始为河源也。不第此也，岷流之南，又有大渡河。西自吐蕃，经黎、雅与岷江合，在金沙江西北，其源亦长于岷而不及金沙，故推江源者，必当以金沙为首。

——节选自《徐霞客游记·溯江纪源》

（二）事不目见耳闻，而臆断其有无，可乎？郦元之所见闻，殆与余同，而言之不详；士大夫终不肯以小舟夜泊绝壁之下，故莫能知；而渔工水师虽知而不能言。此世所以不传也。而陋者乃以斧斤考击而求之，自以为得其实。余是以记之，盖叹郦元之简，而笑李渤之陋也。

——苏轼《石钟山记》

学习任务：在探究事物真相的过程中，两则材料的作者持有哪些科学研究方法？请简要概括。（6分）

【参考答案】徐霞客大胆否定了大多数人一直信奉的《禹贡》中所说"岷山导江"的说法，用自己的实地考察，印证了前人有关长江源于金沙江的记载；苏轼敢质疑前人之说，又能亲身探访真相。

【课例观察】

策略性知识的掌握程度决定一个人的学习效率，更能改变一个人的智能状况。策略性知识学习需要自主建构，学生在学习过程中领悟到什么是策略、策略运用的有效性，能有意识地发现、总结和生成策略，才意味着真正掌握了策略性知识——知道何时、何地使用何种策略性知识。这也是叶圣陶所说的"语文教材无非是例子"[①]的实践理据，通过学习教材中的策略性知识并最终运用于实践，培养听说读写的语言文字运用能力。本节的教学案例围绕"如何寻找消失的石兽"这一现象（问题）设计分析支架、图表支架、比较支架和问题支架等策略支架构建学习的思维过程，从认知加工程序来培养发现问题、分析问题和解决问题的能力。

一是分析支架助力学生理解问题。片段一通过师生对"实词、虚词、句式等语言特点的层层辨析"使学生对人物形象有生动认识，"如何寻找消失的石兽"的科学问题讨论有了丰富的附着点。然而，这一分析支架所要解决的问题是更好地理解人物形象，并没有触发学生对"如何寻找消失的石兽"这一核心问题的认知。因此，补足核心问题的关联信息至关重要。比如文中对两个石兽在什么条件下沉水的信息语焉不详，补足这些历史背景对于正确的判断很重要。比如河岸、山门崩塌，是巨大洪水所致，那么石兽早被洪水冲走了；还是河岸、山门年久失修，河水长年浸淫，终于崩塌，石兽随之落水。再比如，有关"河床"的信息有缺失——如果河床是卵石为主，回流就可能冲不动或冲不出深坑；如果是半液体的淤泥为主，石块就可能如讲学家说的慢慢下沉了；而依照老河兵的说法可推断是细沙为主的沙质河床。通过对问题情境的分析，个体能够从不同角度审视问题，产生假设和立场，提供说明和解释，发现缺失的信息和可能的错误认知。

二是图表支架助力学生深度思考。片段二通过表格形式重点比较僧人、讲学家、老河兵的不同说法。一般来说，运用思维导图等图表支架可以把各种相同性质的或相似性质的知识归纳列举出来，方便记忆；也可以把不同类

---

① 叶圣陶. 叶圣陶语文教育论集［M］. 北京：教育科学出版社，1980：152.

型的现象和规律进行分类、比较，找出其特殊性和差异性；还可以根据课文所提供的信息，把复杂的信息直观形象地综合、分类、列举出来。学生阅读文言文时，往往停留在问题的表征特征，如各自寻找石兽的具体位置、在这个位置寻找的强弱理由、最终寻找的结果等碎片化的信息。这些碎片化的信息没有形成有效连接，就无法与学生旧有知识体系中的信息产生有效连接，而基于问题解决的图表支架就可能"碰撞"出这些问题，对图表中直观化的问题进行解释推理从而引导学生深度思考——僧人寻找石兽的位置为何由"水中"改为"下游"？讲学家判断石兽在"地中"的理由似乎言之凿凿，但是否可靠？老河兵与讲学家对"水—沙—石兽"之间的关系推理差异很大，谁的推理更准确？你获得了哪些新"发现"？有没有学术研究论文从实证的角度演绎这一现象？等等。

三是比较支架。在比较中鉴别，在鉴别中发展，在发展中迁移。迁移能力是指学生能够将在某一领域内所学到的知识、技能和思维方式迁移到其他领域中，运用于解决问题和应对挑战的能力，包括知识迁移、技能迁移和思维方法迁移三个层面。课例中的"比较支架"和"问题支架"属于思维方式迁移，前者侧重古人智慧，后者侧重科学方法，都需要运用课例中类似的思维方式来解决新问题。此外，我们拟制了以下两道题来掌握另外两种迁移方式。

题1：本文"则天下之事，但知其一，不知其二者多矣，可据理臆断欤"中的"臆"字意为揣测、揣度，与《石钟山记》中"事不目见耳闻，而臆断其有无"中"臆"的意义是否相同？

题2：《石钟山记》"盖叹郦元之简，而笑李渤之陋也"与"盖叹郦元之简而笑李渤之陋也"的表达效果有什么差别？请结合本文中"闻之"和"笑曰"之间逗号的讲解进行分析。

题1属于知识迁移，将文言实词在选文中的意义与教材中的含义加以比较，考查学生对常见文言文实词不同义项的掌握，这种迁移有助于引导学生重视教材里文言文基础知识的积累。题2属于技能迁移，学生借助本文中已经讨论过的有关"逗号"停顿的语言知识和语感，结合《石钟山记》具体的语境辨析相似句式表达效果的能力。所谓"技能"就是学生通过训练而在较短时间内有比较明显变化，同时它又不是那么稳定，一旦新情境出现就有可能生疏或衰退，因此"迁移"过程必须让学生领会标点符号——"逗号"运用背后的学理性知识。

【教学探讨】

  学习是从简单到复杂、连续推理认知的发展过程，实现从刚入门的"新手"到具有实践经验的"专家"的跨越，体现了学习进阶的教育理念。学习进阶是学习同一主题知识时所遵循的连贯、典型的学习路径描述，一般呈现为围绕核心知识展开的一系列由简单到复杂、相互关联的知识序列，凸显了学科知识的结构化和学习过程的流程化。[①]《河中石兽》这个教学课例最大的亮点是设计了具有层级进阶的策略支架，结构化、序列化地呈现学习认知过程的"路线图"。

  第一步——语义感知和内容理解。作为第二课时，《河中石兽》的教学案例建立在"语义感知和内容理解"的基础之上：借助教材注释和《古代汉语词典》理解本文；正确、流利、有感情地朗读文言文，因声求气，体会不同人物蕴藏在字里行间的情感态度。片段四的第一段材料选自《徐霞客游记》，它不是一般简单的地理教科书，而是文学性兼容地理志的游记，文无生字僻语，但地理术语可能阻碍学生阅读，搭建语义理解的策略支架有助于学生准确理解材料的内容，如"河"特指"黄河"，"江"特指"长江"；"积石"，山名，在今青海省，距黄河源很近；岷，指岷江，长江上游的重要支流，历史上，岷江曾被认为是长江正源。

  第二步——审美鉴赏和思维提升。首先通过片段一比较与辨析词语、语气、句式等语言形式，体味和推敲重要词语在具体语境中意义和作用，更好地从审美层面认知僧人、讲学家、老河兵各具特点的人物形象。其次通过片段二的"表格"梳理归纳不同人对"如何寻找消失的石兽"这一现象（问题）的相关信息，并借助这些信息比较僧人、讲学家、老河兵不同判断的理由，呼应了《义务教育语文课程标准》（2022年版）对"思辨性阅读与表达"的要

[①] 刘晟，刘恩山. 学习进阶：关注学生认知发展和生活经验［J］. 教育学报，2012（4）：81—87.

求——"引导学生客观、全面、冷静地思考问题，识别文本隐含的情感、观点、立场，体会作者运用的思维方法，如比较、分析、概括、推理等，尝试对文本进行评价。"如何对"文本进行评价"呢？教师不妨巧妙链接一些权威的说法，让学生去阅读相关资料、开展讨论活动，如课例中的《徐霞客游记》，还可以进一步引入谭其骧先生的说法："前人从无以金沙江为江源者，以岷山导江为圣经之文，不敢轻言改易耳"，并据此设问：徐霞客是如何反驳'圣经之言'的？

第三步——审视追问与迁移创新。一是科学研究角度的创新。课例片段二中进一步追问——"黄河铁牛"这件事推翻了老河兵的论断，引导学生打破固定思维，结合具体情境再次审思老河兵的论断是否适用于新情境，就像当初审视讲学家的话不适用于"寻找河中石兽"一样。这篇文言文不是学术类作品，这种笔记体文言文兼有科学性和文学性，有些语言表述不科学，必然会使信息综合与推理方面有漏洞，赖瑞云先生就曾撰文说明——就科学性而言，纪文可以修改得更严谨。如修改为"水不能冲石，转而冲沙，……，至石不稳，……，果得于上游处"。有人说，"数里外"等等是文学夸张，但这首先是科学，要使人信服，否则就不会引来那么多质疑。[①] 二是文本写法角度的创新。如果带领学生思考作者的思考，以改变故事情节的方式激发学生想象，将把学生的思维引向新的高度。可以提出新的要求让学生自己想象变化故事情节，如改变三人出场的次序以及判断结果，并进一步推测改写后会出现怎样意想不到的结论。学生把三人出场的次序、判断结果重新排列，可能会分别得出这样不同的结论——如果按照"僧人打捞失败、老河兵论述、讲学家论述，然后人们如其言，入水挖沙求之，果得之"，就得出"经验固然好，但并不是'放之四海而皆准'的真理，我们不能总是按经验办事，还是要遵循科学规律"的结论。如果按照"讲学家论述、老河兵论述，僧人不听取他们的意见，就入水求之，果得之"，就可能得出"不要事事复杂化，人为地设置障碍，徒添烦恼"的启示。

遵循学生阅读心理和认知发展规律的策略支架设计可以为文言文学习中

[①] 赖瑞云.《河中石兽》的科学性与文学性（上）[J]. 福建基础教育研究，2020（4）：31—36.

的思维发展提供进阶性的实践范型，可以有效实现本体知识的结构化和学习过程的流程化，为语言运用、思维发展、审美创造和文化传承的核心素养发展奠定基础。

第四节　思维支架
——以《鸿门宴》教学中批判性思维培育为例

学习本质上是一种思维活动。思维活动过程需要以大量感性材料为基础，借助分析与综合、抽象与概括，并通过概念、判断、推理等思维形式把握事物的本质特征与内部联系。从教育的角度来看，思维一般分为抽象思维和形象思维。[①] 形象思维通过直觉顿悟（比如：头脑风暴）、关联想象（比如：类比推理）等方式展开，抽象思维主要是借助大前提、小前提和结论的逻辑推理进行。

思维与语言紧密关联。语言是引起思维活动的直接动因，又是思维活动赖以进行的载体。语言与思维互为表里，语言是思维的外化，思维是语言的内化。人通过语言文字把自己的思维活动固定下来，就成为一篇篇文章。反过来，我们读到的一篇篇文质兼美的经典文言文都是古代知识分子的思维外显形式。

思维过程是对言语信息进行接收、存储、处理和传递的活动过程，有研究指出，展示思考过程是吸引学生注意、促进思维发展的有效方式。[②] 这种方式是借助思维支架将隐性的思维过程以可视化的形式呈现出来，实现学习过程可视化、思维可视化，让学生看见自己的学习过程和思考过程，明晰在学习过程中存在的问题，更清楚地认识学习结果与目标之间的距离，为后续进一步学习明确前进的方向和实践的动力。

[①] 林崇德. 心理学大辞典（下卷）[K]. 上海：上海教育出版社，2004：1185.

[②] 理查德，丘奇，莫里森. 哈佛大学教育学院思维训练课：让学生学会思考的20个方法 [M]. 于璐，译. 北京：中国青年出版社，2014：29—31.

设计思维可视化的学习支架，将社会生活情境转化为问题链，再将问题链转化为探究过程，形成前后联动、左右比照、内外协调、整体贯通的思维进阶过程，有助于语文学习真实发生。"可见的学习"理论首倡者哈蒂提出从"依赖表层知识"转变为"深层理解或发展思维能力"的观念转型，实现"表层学习和深层学习平衡"[①]，发展高阶思维能力，改善思维品质。

新高考语文试卷中，文言文阅读不仅考查学生对文言文基本知识和理解能力的掌握，还注重考查学生对文言文的鉴赏能力和创造能力，即能否运用批判性思维和创造性思维来分析、评价和表达文言文。这就要求我们在教学中，不仅要让学生熟悉和掌握文言文的语法、词汇、修辞等基础知识，还要让学生通过多种形式的学习活动培养阅读文言文的批判性思维。批判性思维和创造性思维是非常重要的高阶思维能力，培养批判性思维和创造性思维是语文教学的重要责任，也是破解"钱学森之问"的重要内容。《鸿门宴》的教学案例为我们通过思维支架的设计进行批判性思维培养做了有益尝试：先以《史记·项羽本纪》为例导入课题，通过项羽与范增、韩信等人在鸿门宴上的对话，让学生初步感受批判性思维和辩证法精神；接着以《史记·高祖本纪》为素材引发问题，借助刘邦与张良、萧何等人在鸿门宴后的策略，帮助学生进一步构建起提出问题、分析问题、解决问题的批判性思维和辩证法框架；最后通过衔接教材《史记·屈原贾生列传》这篇文章，巧妙设计一道改写题强化"批判性阅读和表达"。

【课例呈现】

《鸿门宴》教学中批判性思维培育

材料一：

沛公旦日从百余骑来见项王，至鸿门，谢曰："臣与将军戮力而攻秦，将军战河北，臣战河南，然不自意能先入关破秦，得复见将军于此。今者有小人之言，令将军与臣有郤。"项王曰："此沛公左司马曹无伤言之。不然，籍

---

① 约翰·哈蒂. 可见的学习——最大程度地促进学习[M]. 金莺莲，等，译. 北京：教育科学出版社，2015：86.

何以至此。"项王即日因留沛公与饮。项王、项伯东向坐；亚父南向坐，——亚父者，范增也；沛公北向坐；张良西向侍。范增数目项王，举所佩玉玦以示之者三，项王默然不应。范增起，出，召项庄，谓曰："君王为人不忍。若入前为寿，寿毕，请以剑舞，因击沛公于坐，杀之。不者，若属皆且为所虏！"庄则入为寿。寿毕，曰："君王与沛公饮，军中无以为乐，请以剑舞。"项王曰："诺。"项庄拔剑起舞。项伯亦拔剑起舞，常以身翼蔽沛公，庄不得击。

——司马迁《史记·项羽本纪》

材料二：

屈原至于江滨，被发行吟泽畔，颜色憔悴，形容枯槁。渔父见而问之曰："子非三闾大夫欤？何故而至此？"屈原曰："举世混浊而我独清，众人皆醉而我独醒，是以见放。"渔父曰："夫圣人者，不凝滞于物，而能与世推移。举世混浊，何不随其流而扬其波？众人皆醉，何不铺其糟而啜其醨？何故怀瑾握瑜，而自令见放为？"屈原曰："吾闻之，新沐者必弹冠，新浴者必振衣，人又谁能以身之察察，受物之汶汶者乎！宁赴常流而葬乎江鱼腹中耳，又安能以皓皓之白，而蒙世俗之温蠖乎！"

——司马迁《史记·屈原贾生列传》

导入：今天学习的课文《鸿门宴》选自《史记·项羽本纪》。这个故事讲秦末楚汉相争时，项羽和刘邦在鸿门宴上发生的生死博弈。思考：这个故事有什么意义？

预设：意义的多样性。反映当时的历史背景和人物性格，展现不同人物的思想和价值观，启发我们对忠诚、智慧、勇敢等品质思考。

任务一： 阅读课文，审视课文内容所表达的独特含义。

问题1：范增三次举玉玦示意项王，他想表达什么意思？

预设：范增是项羽的谋士，他早就看出刘邦有野心，想要杀掉刘邦。但是项羽却不听他的劝告，反而对刘邦很客气。所以范增就用玉玦来暗示项羽。玉玦是古代君臣之间赐予或交换的信物，象征着忠诚和信任。范增举玉玦就是想提醒项羽不要轻信刘邦，要警惕他的奸计。

问题2：项伯跟着项庄舞剑，他想做什么呢？

预设：项伯是项羽的叔父。他跟张良有交情，所以他不想让刘邦死。他知道范增派项庄舞剑是想趁机杀掉刘邦，所以他就跟着项庄舞剑，用自己的身体保护刘邦，阻止项庄的行动。

总结：课文中充满了暗示和隐喻，每一个细节都有深刻含义。这要求我们在阅读时不能只看表面文字，要借助批判性思维探究背后的意图和动机。

任务二：理解《鸿门宴》两个场景插图（图1和图2）的特点、优缺点。

图1

图2

预设：图1的特点是生动和紧张。把项庄舞剑的动作画得很清楚，可以看到他的剑尖指向刘邦胸口，而项伯则用自己的剑挡住。刘邦的表情很惊恐，张良则紧张地注视他们。这种对比和冲突，让人感受到鸿门宴的危机。图1的缺点是没有画其他人物，失去了故事的完整性和复杂性。

预设：图2的特点是感人和温馨。把刘邦和樊哙告别的场景画得很细致，表达了他们之间的深厚情感。樊哙是刘邦的故友，他为了保护刘邦而留在项羽军中，这是莫大牺牲和无比忠诚。刘邦感激不已，承诺会回来救他，形成一种亲情和情义，让人感受到鸿门宴后的温暖和希望。图2的缺点是没有画项羽、范增等其他人物，个别人物的静态图片缺失故事的冲突和紧张。

总结：《鸿门宴》的插图充满了表现力和想象力，每一幅画都有风格和特色。要求在欣赏时要用创造性思维来评价和感受，不能只看画面的形式，要理解图画的意图和情感，要用自己的思维活动把图画难以表达的内容补充完整。

任务三：阅读"屈原被放逐"的材料，理解屈原的价值观。

屈原被放逐至江滨，形容憔悴，披发行吟于水泽边。渔父见他如此颓废，于是问道："先生，你岂非三闾大夫吗？怎会流落至此？"屈原的回答是："整个世界都是混浊的，只有我一人清白。众人都陶醉其中，唯我独醒。所以我被放逐。"渔父却提出了一个不同的看法，他说："圣人应该能与世界交融，世界混浊，我们为何不顺应潮流，扬起浪花呢？大家都陶醉其中，为什么你要怀抱美玉一般的品质而使自己被放逐呢？"屈原又回应说："我听说，刚洗完头发的人一定会弹去帽上的浮灰，刚洗完澡的人一定会抖掉衣上的尘土。谁能让自己清白的身躯，蒙受外物的污染呢？我宁愿投身于江流葬身于鱼腹中，也不愿为世俗的尘垢所蒙蔽。"

预设：屈原保持精神的纯粹和清明，不受外物干扰，所以他选择"见放"，在放逐中保持纯粹坚定的信念，他的选择很勇敢。但渔父却认为应该与世界互动，体验真正的生活。无论"见放"还是"见留"，只要是自己的选择，都值得尊重。

作业设计

1. 概括苏洵《六国论》中的主要观点和论据，写一段不超过100字的摘要。

2. 请从秦国和六国的角度分析，为什么六国会选择赂秦而不是抗秦？赂秦对六国各有什么利弊？请用事实和数据支持你的分析。

3. 请想象你是一个六国的大臣，你有什么办法可以阻止或延缓六国的灭亡？请用逻辑和创意来设计你的方案，并说明你的方案可能遇到的困难和风险。

【材料链接】苏洵《六国论》（文字略）。

［学生例文］

假如我是魏国的大臣，我有以下几个办法可以阻止或延缓六国的灭亡：

第一，我会建议魏王与其他五国联合起来，共同抵抗秦国的侵略。我会说服魏王，只有六国团结一致，才能抵挡秦国的强大军事力量。我会提出一个具体的联盟方案,包括如何分配兵力、物资、领土等资源,以及如何协调各国的利益和意见。我会利用魏国在六国中的地理位置和政治影响力,来牵头组织这个联盟,并且争取其他五国的支持和信任。

第二,我会建议魏王与秦国进行外交谈判,争取和平共处或者缓和关系。我会说服魏王,与秦国开展友好交流,可以减少战争的风险和代价,也可以获得秦国的尊重和信任。我会提出一个具体的外交策略,包括如何选择合适的使者、时机、礼物等条件,以及如何表达魏国的诚意和诉求。我会利用魏国与秦国之间的历史渊源和文化相通,来促进两国之间的沟通和理解。

第三,我会建议魏王加强内政建设,提高国家的综合实力。我会说服魏王,要想在乱世中生存和发展,必须从内而外地强大自己。我会提出一个具体的内政改革方案,包括如何增加财政收入、改善民生福祉、推行法制教育、培养人才军队等措施,以及如何监督执行和评估效果。我会利用魏国在六国中的经济实力和文化水平,来提升魏国的社会稳定和民族自豪。

这些办法可能遇到的困难和风险有:

第一种办法可能遇到的困难是其他五国不愿意或者不敢与秦国开战,或者在联盟中出现内讧和背叛。可能遇到的风险是秦国发现联盟的计划后,先发制人,对六国进行全面攻击。

第二种办法可能遇到的困难是秦国不接受或者不信任魏国的外交谈判,或者在谈判中提出过分或者不公平的条件。可能遇到的风险是秦国利用谈判作为幌子,暗中进行阴谋诡计,对魏国进行破坏或者诱降。

第三种办法可能遇到的困难是内政改革遭到保守势力或者腐败分子的反对或者阻挠,或者改革效果不明显或者不及时。可能遇到的风险是内政改革引起社会动荡或者民怨沸腾,或者改革成果被秦国窥视或者夺取。

【课例观察】

学贵有疑,小疑则小进,大疑则大进,不疑则不进。在质疑中培养独立思考的批判性思维是语文教学的重要任务。批判性思维是合逻辑、合理性的思维,凸显了思维过程的合理性、反省性、目的性和自主性。作为复杂而艰巨的智力活动,学习自始至终都有思维活动参与,并以思维为支点,思维质量高低直接决定学习效果优劣。创设思维支架培养学习思维,提升思维品质是提高文言文学习效率的重中之重。思维支架主要有学习单、情节图、学材库、类比表等四种类型,[①] 前两者指向思维的过程性,后两者指向思维的结构性。学习单是帮助学生突破认知困境、解决真实问题的思维工具,可以有效提升学习投入,推进学习进程,检测学习成效。作业属于典型的学习单,可以让学生清楚地知道所要完成的学习任务。情节图可以呈现文本的结构和教学结构,帮助学生由浅表、离散、粗放的"感知文本"向深度、统整、聚焦的"理解文本"推进,形成逻辑化、结构化的思维地图。任务二通过审读两张图片的情节图,不仅让学生理解了图片的内容,更让学生借助图片建构了思维活动的完整性。学材库是积累认知材料的有效工具,体现了互文阅读的理念,通过相关材料的归集整合弥补生活经验与文本内容理解之间的空白。类比表体现了比较思维,在比较中提升思维的全面性、立体性和逻辑性。任务三通过补充"屈原被放逐"的学习材料,在比较中培养学生对不同历史人物的全面认知,提升了思维品质。《鸿门宴》的教学案例通过运用这些有效的思维支架,在批判性阅读中促进文言文深度学习,有效实现了批判性思维培养。

本节的教学案例围绕"鸿门宴"的故事,通过一些富有启发性的问题引导学生思考故事的细节和意义。批判性阅读教学的问题链是如此安排:理解故事的内容及意义→理解文章语言和细节上的独特含义→理解两张图片的特点和优缺点→理解屈原的价值观。本教学案例从课文细节入手,逐渐过渡到关键人物的整体理解,最后通过补充材料实现价值观的理解,层层深入,环环相扣,不断提升思维深度和广度。当然,任务三补充屈原的材料似乎与教学案例的主题缺乏内在的关联性。在单篇课文的教学语境中,这种内容的脱节或多或少会影响思维的完整性,如果能够增加一个问题:比较屈原、刘邦和项羽三人价值观的异同就能够更契合主题的需要,而且通过比较进一步增加批判性思维的张力。对这个问题的思考就上升到了人生观、价值观和历史观的高度:刘邦有勇有谋有智,面对比自己强得多的对手,选择不卑不亢地斗争。作为一个政治家,刘邦比项羽有智慧,也为二人最终的结局埋下了伏

---

① 朱亚燕. 思维支架的价值意义与搭建策略[J]. 教育视界 2021 (11): 17—20.

笔。屈原洞察了世界的险恶，他被迫选择"见放"，刘邦主动选择"见留"，而项羽沉浸在"自我"之中，徘徊在"世界"之外。屈原和刘邦是"智者"，项羽是"愚者"。

学生批判性阅读的困难主要有以下几个——

一是不能清楚和完整地理解史传文的内容和意义，比如刘邦在《鸿门宴》的性格比较复杂，不仅仅只有审时度势、知人善任的一面，还有虚伪奸诈的一面；樊哙一介武将，除了忠诚、勇猛的性格，还有粗中有细的特点，等等。学生在进行批判性阅读时，首要是吸取文章信息，并正确理解这些信息。如果先设计下面的问题，教学效果可能会更好些：司马迁在《鸿门宴》中是如何描绘刘邦虚伪奸诈的嘴脸的。请结合原文简要分析。学生可能会据此思考——为什么说刘邦虚伪呢？这么说的根据是什么？为了启发学生深入思考，我们可以提供相应的思维支架，如沛公在谋士面前有"虚伪"之嫌：沛公"欲王关中"的想法是先告诉谁的？鲰生还是张良？沛公这样做说明了什么？

二是发现某些说法有问题，但不能清楚地描述和解释它的问题所在。这有可能涉及两个因素：一是问题本身；二是论证过程。比如第一个任务就会让人产生质疑：为什么"范增举玦示意"和"项庄舞剑"具有"独特性"？"独特性"这个概念是什么意思？为什么分析这两个细节就能得出"探究背后的意图和动机"的结论？这一推理的过程是否可靠？第二个任务也同样让人困惑：这两张图的优缺点是怎么比较出来的。"比较对象"应基于同一"比较标准"才能进行具体内容的比较，否则哪里来的优点与缺点？相较而言，作业设计的第三个问题就比其他两个问题的表述更科学更准确。由此也可知，一个好的有意义的问题是开展批判性思维训练的起点。

三是思维策略的运用。"思维发展与提升"中"逻辑思维"常见策略有六种：提要、比较、分类、追问、质疑、辩论。其中"比较""追问""质疑""辩论"更适合在批判性阅读中提升学生的思维品质。就第三个任务为例，"如何看待屈原'见放'"这种选择"这一问题改为："屈原认为，人不可与浊世同流合污，宁愿坚守自己的高洁；渔父认为，人不可执着于外物，应当与世推移，随波逐流。你更认同谁的看法？你认为屈原和渔父二者的看法一定是对立的吗？屈原的爱国和忠君有很大关联，你认为屈原是君王的奴仆，

119

还是国家的引路人？如果屈原按照渔父的话活下去，请你想象下屈原此时可能有的生活场景。"这一问题群涉及比较、追问、质疑等思维策略，学生只有充分阅读有关屈原的作品，才能审视这些问题；在审视这些问题，必须结合具体历史情境、屈原个人经历、司马迁的史学观开展思考与辨析。如果能进一步设计一道让学生在当下社会情境"笃行"屈原精神的题目，这样的批判性思维过程可说是真正做到《礼记》所说的"博学之，审问之，慎思之，明辨之，笃行之"。

【教学探讨】

在文言文阅读中培养批判性思维的学习任务可以从三个维度展开。

一是论证的问题。有意义的问题才会激发学生产生有意义的回答。问题是批判性思维的起点，决定论证的各个要素——证据、概念、推理的相关程度。作业设计中的第二个问题——请用"事实和数据"分析"赂秦对六国的利与弊"，这是一个澄清性问题，学生需要从史料和文本中找寻证据来证明这一观点的正确性；如果将这个问题改成"有人认为，赂秦对六国是利大于弊。你是否同意这一看法？请阐述理由"，这就是一个质疑性的问题。先质疑，再澄清。很显然，对于批判性思维的培养，质疑性问题的价值大大超越了澄清性问题。

二是剖析并审视论证过程。论证的推理结构指各个前提和结论之间的关系。具体教学过程中，教师应帮助学生清楚了解什么是前提，用什么样的方式导出什么样的结论。比如《鸿门宴》中范增劝说项王"急击"刘邦的论证过程是这样的：

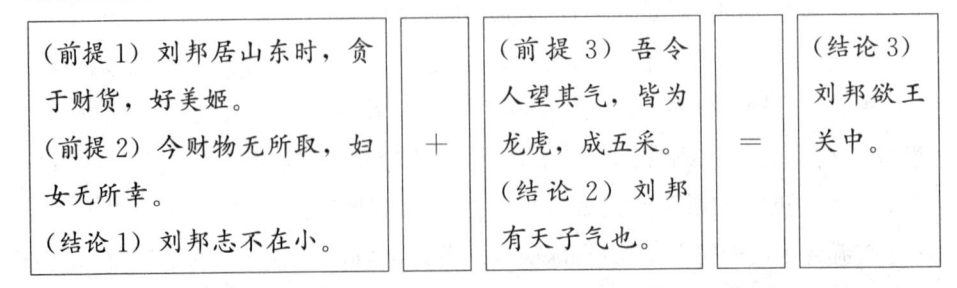

| （前提1）刘邦居山东时，贪于财货，好美姬。（前提2）今财物无所取，妇女无所幸。（结论1）刘邦志不在小。 | ＋ | （前提3）吾令人望其气，皆为龙虎，成五采。（结论2）刘邦有天子气也。 | ＝ | （结论3）刘邦欲王关中。 |

由图可知，结论1是由前提1和前提2归纳推理而来，结论2是由前提3推理而来，综合结论1和结论2得出"刘邦欲王关中"的结论3。学生可以进

一步追问：范增认为沛公进咸阳秋毫无犯是为将来成为天子收买民心，沛公向项王辩驳说"秋毫无犯"是等待将军入城处理财物，这两个说法都有一定的道理，但这种归纳推理必将不严谨，因此结论1不一定成立；"望气说"是当时盛行的一种诡秘的说法，但这一证据不科学，缺乏说服力，因此结论2也不成立。

三是发现替代解释和对立的关系。董毓先生在《批判性思维原理和方法》中说："不同甚至对立的观点对批判性思维有特殊重要性。没有认真考虑不同观点的论证不能被判为好论证。"高中语文课标在"学业质量水平4-2"中这样表述——能比较、概括多个文本的信息，发现其内容、观点、情感、材料组织与使用等方面的异同；在"学业质量水平4-3"中这样表述——能比较两个以上的文学作品在主题、表现形式、作品风格上的异同，能对同一个文学作品的不同阐释提出自己的看法或质疑。总之，批判性思维就是要尽量寻找并论述不同的思路。据此可以对学习任务和作业设计进行补充：

学习任务一：请查找《古代汉语词典（第2版）》，看看"矣"字和"也"字有几个意义和用法；梳理《鸿门宴》里有关"矣"字和"也"字的例子，并比较这些例子中"矣"字和"也"字所表达的语气有何异同。

学习任务二：范增劝说项王"急击"沛公的理由是哪两条？为什么范增会选择这两条理由来劝说项王？之后，刘邦又是如何打消项王对这两条理由的顾虑的？

学习任务三：课本第15页有刘凌沧先生的插图，"实验版"教科书题名为"项庄舞剑"，"统编版"教科书题名为"鸿门宴"。你更喜欢哪个标题？请简述理由。

学习任务四：与刘凌沧先生的《鸿门宴》（工笔画）相比，王宏剑先生的《鸿门宴》（油画）在构图、色彩、视点等方面有何不同？这样处理有什么用意？

鸿门宴（油画）王宏剑

文言文阅读教学不仅要让学生学会文本解读的结论和相关的文言知识，还要让学生经历相对独立的解决问题的过程。在这一过程中，要善于从文言文中挖掘出可以思维训练的资源、设计适合思维挑战的学习任务，并通过设计有效的思维支架助力学生深度理解文言文，最终实现语言运用、思维发展、审美创造和文化传承的核心素养发展。

小结　语文学习支架的"和谐共振"

顾明远主编的《教育大辞典》将学习解释为：作为结果，指由经验或练习引起的个体在能力或倾向方面的变化。作为过程，指个体获得这种变化的过程。① 能力指向个体学习的行为及其结果，而倾向指向个体学习的心理过程及其结果。因为倾向的意思是"趋势"，具有心理上的未定性，这也是施良方的《学习论》在解释学习概念时特意加上了"心理倾向"的原因②。学习体现

---

① 顾明远. 教育大辞典 [K]. 上海：上海教育出版社，1998：1815.
② 施良方. 学习论 [M]. 北京：人民教育出版社，2001：5.

了行为和心理上协同发展，与语言运用、思维发展、审美创造和文化传承的核心素养发展整体性具有逻辑的一致性。整体性的核心素养发展需要通过整体性的教学来落实，离不开整体性的学习支架创设，凸显了行为与心理的和谐共振，协同发展。

支架的作用就是降低学习难度，提高学习效率。从理论上来说，没有支架也一样可以学习，古代的名言"书读百遍其义自见"就揭示了学习的自然性本质，通过一遍又一遍的读书不由自主地"悟"出语言文字运用的规律以发展语言文字运用能力。但这种学习行为所产生的结果具有随机性、未知性，也就是一定会出现吕叔湘所说的现象："中小学语文教育效果很差。""十年时间，二千七百多课时用来学本国语文，却大多数不过关，岂非咄咄怪事。"[①]为了解决这个问题，就需要通过有效的语文学习支架的设计提升语文学习过程的有效性，为语言文字运用能力培养奠定基础。

语文学习支架的设计或者指向学习的行为及其结果，比如本章的前面三节，或者指向学习的心理过程及其结果，比如本章的第四节。无论是指向学习行为还是学习心理，二者本质上都是统一的。学而不思则罔，思而不学则殆。学习行为的发生离不开学习心理的支持，学习心理的发生一定会通过学习行为表现出来。念念不忘必有回响。所以，语文学习支架的设计一定需要实现心理与行为的和谐共振，协同发展才能真正实现支架的功能。

---

① 吕叔湘. 当前语文教学中两个迫切问题 [N]. 人民日报，1978—3—16.

第四章　语文学习评价

　　评价对于语文学习具有非常重要的意义和价值。这种重要性体现在"评价得好"就能促进学生的语文学习真实发生，如果"评价不好"，就有可能扼杀学生的学习兴趣和学习效果。核心素养时代的语文学习评价更应成为助推教学目标实现的有效工具，正如泰勒所说，"评价必须建立在清晰地陈述目标的基础上，根据目标来评价教育效果，促进目标的实现"[1]。对语文学习评价功能的认识决定评价作为促进语文学习手段的积极意义和显著价值。回溯过往不难发现，甄别和选拔是语文评价的一项显性而重要的功能，这是在"知识改变命运"这样一个教育大背景下的必然选择和现实结果。事实上，评价的主要目的不应在于甄别和选拔，不是选拔适合教育的儿童，而是帮助我们创造适合儿童的教育，更重要的功能是为了促进教学发展与学习提高，是为了学生的全面发展，为了语文核心素养发展，即"语文课程评价要有利于促进学生学习，改进教师教学，全面落实语文课程目标"[2]。

　　语文学习评价应以核心素养为导向，遵循以生为本的原则，着力促进学生核心素养的形成与发展为根本价值追求。在过去二十多年的基础教育课程改革中，我国已把建立促进学生全面发展的评价体系建设作为一项重要内容，这其中就包括语文学习评价体系的建设。发展学生核心素养是《普通高中语文课程标准》（2017年版2020年修订）和《义务教育语文课程标准》（2022

---

[1]　施良方，等. 教学理论：课堂教学的原理、策略与研究[M]. 上海：华东师范大学出版社，1999：332.

[2]　教育部. 义务教育语文课程标准（2022年版）[Z]. 北京：北京师范大学出版社，2022：3.

年版）对语文课程评价及其学习评价提出的根本要求，其中特别强调语文课程评价的教学评价、作业评价和表现性评价。三种评价有着一致的旨趣，即"着眼于核心素养的整体发展"——"评价的过程即学生学习的过程，应围绕阅读与鉴赏、表达与交流、梳理与探究等学习活动，在具体的语文学习情境和活动任务中，全面考查学生核心素养的发展情况"。并且在评价功能的发挥和运用上特别指出："不宜片面强调评价的甄别和选拔功能。评价不仅要关注学生外在的学习结果，更要关注内在的学习品质。注意通过评价引导学生学会学习，自觉提升语文学科核心素养。"① 语文教学评价即课堂教学评价，是语文学习过程性评价"教—学—评"一体化的"主渠道"。语文作业评价也是过程性评价的重要组成部分，包括作业的设计、批改等关键要素。作为一种评价方法，语文表现性评价是指在听说读写等语文实践活动中运用核查表、表现清单、评分规则等评价工具观察学生言语活动的过程及产生的成果，以此评价学生语文素养发展状况的方法，② 主要指向目标达成的任务执行和活动开展情况，聚焦语文学习任务完成的复杂过程。

第一节　教学评价
——以初高中文言文"劝谏·劝说"篇教学为例

课程、教学和评价三者相互影响，密不可分，因教学评价直接呈现出教与学的现实效果而广受关注。王道俊在《教育学》中指出教学评价是对教学工作所作的测量、分析和评定。以参与教学活动的教师、学生、教学目标、教学内容、教学方法、教学设备和时间等因素有机组合的过程和结果为评价对象，对教学活动整体功能进行评价，包括诊断性评价、形成性评价和总结

---

① 教育部. 普通高中语文课程标准（2017年版2020年修订）[Z]. 北京：北京师范大学出版社，2020：44.

② 林荣凑. 语文教学中表现性评价运用的误区 [J]. 语文建设，2021（21）：64—68.

性评价三种类型。① 教学评价的核心是教学过程，其根本旨趣是以评促学，通过有效的教学设计提高语文学习效果，实现核心素养发展。在传统认识上，语文教学评价是对学生语言活动后的再审视和再评判，包括语言表述的评判、做题的检测以及评价量表的测评等形式，往往表现为一个独立的活动。但是，在课程改革背景下的语文教学评价是课堂教学过程性评价的主要形式，目的是"鼓励学生，激发学习积极性"②。在实际课堂教学过程中围绕教学评价常常需要思考一系列问题：我们需要怎样的评价？为何要如此评价？为什么要评价这些方面？等等。理解和思考这些问题需要坚持两个原则：一是评价活动之前的思考，二是学生参与交流和探讨的思考，因为这是学生作为学习主体尤其是发挥其作为评价主体之主体性意义的体现。以此，突出不同学段的教学评价特征，有针对性地依据教学内容制定评价标准和确定评价要素，做到有针对性地以评促学、以评促教，而"教—学—评"一体化的意识正是在这些行动和实践中慢慢确立起来的。

指向学习中心、素养本位的语文教学评价具有一些基本价值取向。一是尊重评价对象的差异性。对不同的学习对象，应该采取不同的评价标准。每个学生学习语文的情况和成效不同，在语文教学评价中要尊重学生个性并加以区别对待。二是观照评价对象的全体性。班级授课制背景之下的语文教学评价需要关注班级全体学生，对班级全体学生的语文学习状况加以整体关注。三是评价手段注重情境性。语文知识在情境中生产，语文学习在情境中发生，语文教学评价也需要借助于真实的问题情境。语文教学评价要关注学生在语言情境中所表现出来的学习要求、学习态度、学习方法和学习成效等，并且透过学生的言语实践活动诊断语言运用、思维品质、审美趣味和文化自信等核心素养的具体表现和实现程度。四是评价内容要有综合性和适度性。语文教学评价注重评价的完整和全面，又不宜过满评价，要注意"留白"——即留足学生主体评价的个性化发挥空间和余地，真正实现以学生发展为本的教育理念。

---

① 王道俊，等. 教育学［M］. 北京：人民教育出版社，2009：269.
② 教育部. 义务教育语文课程标准（2022年版）［Z］. 北京：北京师范大学出版社，2022：48.

语文教学评价需要体现以下几个方面或回答几个问题：第一，教了什么；第二，怎么教的；第三，教得怎样。于此形成一个评价（测评、观测）量表，以指导学生进行相应的听说读写等语文实践活动。切实促进语文学习的真实发生，达到以评促学、以评促教并全面发展学生核心素养的目的。下面以文言文教学中的"劝谏·劝说"篇类做出详细说明。教学目标是从劝谏方式、劝说目的、劝说对象等方面自主梳理课文里劝说文的各项写作要素；小组完成表格，重点讨论劝谏策略。通过有针对性的语文学习活动实现《义务教育语文课程标准》（2022 年版）提出来的"在小组合作、汇报展示过程中，教师应提前设计评价量表、告知评价标准，引导学生合理使用评价工具，形成评价结果"[①] 的指导思想。

【课例呈现】

初高中文言文"劝谏·劝说"篇教学

1. 学习阶段一："劝谏"策略的初步感知

学生分组参与讨论交流，有意识地梳理、分析和形成劝说策略及其使用。包括统编版初高中语文教材选入的《孙权劝学》《诫子书》《送东阳马生序》《邹忌讽齐王纳谏》《烛之武退秦师》《谏逐客书》《谏太宗十思疏》《六国论》等劝谏类名篇。请回顾这些文言文的学习过程，并分别就其"劝谏""劝说"的相关细节完整填写下表。

课文名称	劝说对象	劝说策略	劝说目的
《烛之武退秦师》			
《谏逐客书》			
《六国论》			
……			

[①] 教育部. 义务教育语文课程标准（2022 年版）[Z]. 北京：北京师范大学出版社，2022：48.

讨论聚焦点：

（1）劝说语要着眼于劝说对象的利害关系；

（2）劝说语要"动之以情，晓之以理"；

（3）劝说语要从对方的某种治国观念入手；

（4）劝说语可以通过亲切的语言和语气拉近彼此的距离；

（5）劝说过程中既要通俗、具体，又要委婉一些，等等。

2. 学习阶段二："劝说"策略的课堂运用

"劝谏"材料展示

材料一：

九月，契丹大举入寇。时以虏寇深入，中外震骇，召群臣问方略。王钦若，临江人，请幸金陵。陈尧叟，阆州人，请幸成都。帝以问寇准，准曰："不知谁为陛下画此二策？"帝曰："卿姑断其可否，勿问其人也。"准曰："臣欲得献策之人，斩以衅鼓，然后北伐耳！陛下神武，将臣协和，若大驾亲征，敌当自遁；不然，出奇以挠其谋，坚守以老其师，劳佚之势，我得胜算矣。奈何弃庙社，欲幸楚、蜀，所在人心崩溃，敌乘胜深入，天下可复保耶？"帝意乃决。

——《宋史纪事本末·契丹盟好》

材料二：

贞观七年，蜀王妃父杨誉，在省竞婢，都官郎中薛仁方留身勘问，未及予夺。其子为千牛，于殿庭陈诉云："五品以上非反逆不合留身，以是国亲，故生节目，不肯决断，淹留岁月。"太宗闻之，怒曰："知是我亲戚，故作如此艰难。"即令杖仁方一百，解所任官。魏征进曰："城狐社鼠皆微物，为其有所凭恃，故除之犹不易。况世家贵戚，旧号难理，汉、晋以来，不能禁御；武德之中，以多骄纵；陛下登极，方始萧条。仁方既是职司，能为国家守法，岂可枉加刑罚，以成外戚之私乎！此源一开，万端争起，后必悔之，将无所及。自古能禁断此事，惟陛下一人。备豫不虞，为国常道。岂可以水未横流，便欲自毁堤防？臣窃思度，未见其可。"太宗曰："诚如公言。"

——吴兢《贞观政要·卷二·直谏（附）》

学习任务：同是臣子对君王的劝谏，寇准和魏征的劝谏策略有何异同？

请简要分析。

同：二者都从事情的反面的利害关系进行劝说。

异：刚开始劝谏时，魏征用"城狐社鼠"为喻作为开导语，寇语用"斩首以衅鼓"的极端话语劝阻避战。劝谏过程中，寇准从事情正反面进行对比论证；魏征从过去的历史典故、目前的治国现状、未来的发展演变的层层推理来劝说君主。

3. 学习阶段三："劝说"策略的生活运用

假设你校高中男子足球队希望参加 3 月份的市足球比赛，而大部分球员是高三学生。由于高三备考、安全等原因，校长不同意高三学生参加比赛。队员们推选你写一封信给校长，说服他同意你们如期参赛。

请你根据今天课堂所学的劝说策略，完成一篇 800 字左右的劝说信。

写作提示：信中一定要写出原因和例子来劝说校长接受你的意见。

【课例观察】

　　劝说文是以影响他人思想、观点、情感和行动等为目的的一种文章样式。学生写作劝说文常常站在自己的立场，想当然地讲一番道理，导致劝说效果不佳或无效。写好劝说文需要全面分析任务情境的基本要素，如写作目的、劝说对象、劝说方式等，将这些要素置于交际语境中才能使劝说符合情理、有说服力。[①] 因此，劝说文的教学评价就应该聚焦情境和任务，实现文本表达的交际特质。教学案例通过课内外劝谏（劝说）材料帮助学生分析劝说情境的基本要素，如劝说目的、劝说内容、劝说对象等，有效解决学生不知道"劝说什么""怎么劝说"等问题。特别是以"文本评价"的方式形成对经典劝说类文本的理解和认识，并以此作为"创意表达"的参照模型，产生一种以评促学的内在动力和表达结构，为探索学习阶段性任务驱动下的劝说文写作教学提供了积极尝试。

首先，将劝说情境作为学习评价的切入点。因为劝说文写作是一种现实情境性较强的应用文体。学生写劝说文时，受议论文写作说理习惯的影响，

---

① 刘川江. 任务驱动下的劝说文写作教学策略［J］. 中学语文教学，2019（11）：34—39.

或直接表明态度或观点，或直接陈述各种理由，忽视了劝说的"情境"，使得劝说效果不佳甚至适得其反。教学案例的第一个教学环节通过表格快速梳理劝谏策略，由于课文的劝说情境是学生熟悉的，教师在本环节可以不展开劝说情境的分析。但是第二个环节课外文言文的说话语境是学生平时不熟悉的，需要进行如下的提问与分析以提升对情境的认知和理解：寇准在劝导一开始就脾气很大，对皇帝说出"斩首以衅鼓"的极端性的劝说语言在当时当地的情境中合适吗？魏征在劝谏之前，唐太宗的情绪状态怎样？请从文中找出描写太宗神态与行为的句子来佐证他的情绪状态。只有劝说的情境拿捏准确了，才能更好地理解劝说者采用的是这种劝谏方式而不是其他劝谏方式。因此，在劝说文教学中，教师不仅要指导学生掌握劝说技巧，更要培养学生理解发展的劝说情境对劝说策略的影响。

其次，将劝说情境的文本比较作为学习评价的载体。可从三个层面对课例中的复杂情境做微观的分析。第一个层面是先后关系。在魏征劝谏之前，太宗显然很明白贵戚之"私"的危害，但此时确实"怒"气冲天，如果魏征一上来就大讲道理就毫无意义。劝说太宗的关键在于——劝说时不宜激化太宗的情绪，而是先纾解其情绪后再进行道理劝说。第二个层面是主次关系。有效完成劝说任务，重点要考虑自身处境与历史处境的关系，这是寇准将要面临的劝说情境。作为臣子劝说语照理不可太激烈太冲动，可是面临国运气脉的存亡之际，寇准采用极端话语来坚定皇帝主战的立场，这种历史情境也会影响劝说的内容与方式。第三个层面是显隐关系。在生活的真实情境中，舒缓情绪并不一定能改变一个人对事物的基本认识，说一些话来缓解太宗与薛仁方的关系也不能确保类似情况不再发生。因此，本次劝说还应该包含一个隐性的任务：让太宗真正认识到贵戚之"私"任其膨胀的危害性。因此，魏征的劝说除了柔性的比喻，还需要刚性的证据，让太宗真正认识到自己刑罚薛仁方是不恰当的，约束贵戚之"私"的做法是正确的。

最后，以学生为主体对劝说情境的典型文本进行自主分析是本课例的一大亮点。教师指导学生在劝说任务下自由探讨怎样劝说，并不断对学生的劝说策略进行归纳和总结。起初学生对劝说策略的认识是模糊的，口头描述的劝说策略还比较感性比较粗浅，缺乏理性思维的抽象概括。教师都给予了及时肯定与升华，这种点评方式基本上点出了劝说文写作的基本要素，如学生提出"魏征的话契合唐太宗的治国理念"也是可以起到很好的劝说效果，教师给予了表扬与肯定，并且进一步对这种劝说策略加以概括总结。教师在肯定与升华每一种劝说策略时需要把劝说策略充分打开，将劝说文的写作要素与学生熟悉的教材语境或生活的劝说场景相结合，勾连打通各种"情境"，就可形成关联学生认知情境、学科知识情境和社会生活情境的教学契机。

【教学探讨】

以劝说文为对象的评价式学习方法指导，最终聚焦在课后的"写作任务"，并以劝说类文本的写作策略认知作为学习目标。

首先，要明确劝说文的情境任务，突出任务情境的真实性和语言文字的应用性。邓彤认为，作为学习支架的"情境"是指具有目标、对象与作者等元素的交际语境，而不是一般的生活场景。[①] 情境贵在一个"真"字，语文核心素养贵在一个"用"字，因此这个以评促学的教学设计案例才能够真正抓住语文教学的关键命脉。具体来讲，教学案例中的情境任务包含三个方面：一是写一封劝说信，除了符合书信的基本要求外，既然是劝说，就不能伤害劝说双方的师生感情；二是纾解劝说对象——校长的忧思，缓解校长对高三学子参赛的各种担心；三是完成劝说任务，使校长从情感上理解高三队员参赛的要求，从理性上也认可高三同学参赛的理由。教师指导学生对情境任务进行整体理解和全面分析，可以防止出现任务遗漏；通过对劝说前后情况对比的方式，可以让学生了解情境任务的复杂性。

其次，细化劝说对象与劝说内容的内在关系，将劝说文"晓之以理，动之以情"的特点跃然纸上。"为读者而写"是劝说文写作的重要特征。也可以说，劝说内容是由劝说对象决定的：第一，人的情绪不是由某一激发事件直接引发的，而是由个体对这一事件的认知和评价体系所产生的信念直接引起的。不同的人站在不同的角度或社会身份看同一事实，可能有不同的看法。教师应指导学生站在校长角度或身份去看问题，引导学生发现校长的忧思在

[①] 邓彤. 写作目的：亟待开发的任务写作资源[J]. 中学语文教学，2019（1）：32—38.

于他从学校管理的角度思考问题，帮助学生揭示出校长忧思的真正原因，让学生去理解校长与学生、校长与家长之间的关系，为纾解校长忧思找到了突破口。第二，共情是人际交往中的一种积极感受他人情绪的能力。共情常常从对方内心的参照体系出发，设身处地地体验对方的内心世界。劝说文写作需要具备共情能力。我们假设：校长如果同意高三的队员参赛可能会面临怎样的压力，家长会不会埋怨学校？高三学生的学业会不会耽误？万一有同学意外受伤该怎么办？等等。透过这些假设，看到校长不同意参赛的合理方面，有助于后面进行有针对性的劝说提供帮助，从而消解校长的情思扭结。教学中教师要有意识地培养学生的共情能力和积极关注劝说对象的忧思意识，对提升学生的劝说能力具有积极意义。

再次，走进情境之中以知己知彼，进而使用有针对性的劝说方式谋篇布局。在此过程中，"要注意观察小组成员的分工方式、讨论程序和对不同意见的处理，关注学生在发言和倾听发言时的规则意识和交际修养，借助评价引导学生反思学习过程"。① 首先，指导学生要注意自己的言语表达。劝说中的风度、气度和人情味是会被劝说者敏锐地察觉到。当然，任何劝说方式都不如真诚地劝说，高三学生踢球的梦想不能辜负，你劝校长除了保证采取有力措施保障踢球安全、采取有效辅导保障不耽误高三学业之外，还要有出于高中足球梦想的真挚追求。用梦想去打动校长，用行动去保障安全，用拼搏去展现青春，让校长觉得劝说者是一个有担当有作为的青年学子。其次，指导学生要注意说理方式。劝说者与其讲一些人所皆知的大道理，不如改变说理的方式。比如作业中，对事情的正反面进行权衡利弊：高三学生如果错过参赛，会不会近段时间学习也心思不宁？市级比赛是正规比赛，有裁判有护腿板有比赛规则，受伤概率极低。这几天耽误学业，有没有其他更好的补救措施？可以让监护人给校长写保证书，即使有点小"意外"也不会让校长担责，等等。教师指导学生从过去、现实和未来，学校、家庭和社会等角度用联系、发展、辩证的眼光看问题，帮助对方进行理性分析，具有很强的说服力。

最后，在经典文本阅读评价的基础上，形成并参照"劝说类作文评定标

---

① 教育部. 义务教育语文课程标准（2022年版）[Z]. 北京：北京师范大学出版社，2022：48.

准"评价性量表,促进学生课后习作的完成,并对照自己的作文进行反思与改进。用写作评价量表反向促进写作教学改革,强化写作目的达成度,可以为有效提升写作水平,实现以评导写、以评促教奠定基础。

劝说类作文评定标准(60分)

项目	占分	说明
劝说者身份 (5分)	4—5分	明确自己的身份(同学),有鲜明的形象("振兴中国足球的青年学生""您的学生""我校同学"等称谓)
	2—3分	基本明确自己的身份,但形象欠具体
	0—1分	不明确自己的身份,或身份错误(如以"家长"的身份)
劝说对象身份 (5分)	4—5分	读者身份明确(校学生会负责人),对读者有前后呼应(如在开头有尊称或结束有期盼等)
	2—3分	读者基本清楚,但行文缺少呼应
	0—1分	没有明确的对象,没有特定读者
劝说达标 (40分)	31—40分	能围绕劝说目的展开介绍,所陈述的理由充分,且理由之间有充分的关联;能有机结合劝说情境和自身的经历或经验来有感染力地阐明自己的理由;能站在劝说对象的角度,围绕特定的情境任务,所劝说的理由有强大的说服力
	21—30分	能围绕劝说目的展开介绍,所陈述的理由较丰富,且理由之间有一定的关联;能完全结合劝说情境和自身的经历或经验来具体证明自己的理由;能站在劝说对象的角度,围绕特定的情境任务,所劝说的理由有较强的说服力
	11—20分	能围绕劝说目的展开介绍,所陈述的理由较丰富,但理由之间的关联较松散;能部分结合劝说情境和自身的经历或经验,但无法具体证明自己的理由;能站在劝说对象的角度,围绕特定的情境任务,但所劝说的理由较为牵强,缺乏说服力
	0—10分	未围绕劝说目的展开介绍,所陈述的理由繁杂,且理由之间的关联较松散;未能结合劝说情境和自身的经历或经验,或劝说内容与劝说目的不匹配;未站在劝说对象的角度,所劝说的理由难以被人接受

续表

项目	占分	说明
语言组织 （10分）	6—10分	劝说理由分条分段陈述，段与段之间有适当的过渡与衔接；主体各段的说理论证角度独立稳定，各段的说理论证方式丰富（如举例论证、对比论证、总分结构等），各段的说理论证语言有说服力或感染力；问候语、结束语表达得体，书信格式（写信人、写信时间等）准确无遗漏等
	0—5分	劝说理由的陈述不够条理，段与段之间的过渡与衔接不恰当或没有；主体各段的说理论证角度不独立不稳定，各段的说理论证方式单一（如举例论证、对比论证、总分结构等），各段的说理论证语言说服力或感染力不足；问候语结束语表达不得体或遗漏，书信格式（写信人、写信时间等）不准确有遗漏等

第二节 作业评价
——以文言复合文本的能力考查类作业设计为例

《义务教育语文课程标准》（2022年版）指出："作业评价是过程性评价的重要组成部分，作业设计是作业评价的关键。教师要以促进学生核心素养发展为出发点和落脚点，精心设计作业，做到用词准确、表述规范、要求明确、难度适宜。"[①] 在新课标的新理念之下，革新作业评价观念和作业设计基本理念，至少包括以下四个方面：首先，变革传统作业设计方式，注重生成式的、大单元的、素养本位的学习任务（如群文比较阅读鉴赏）型作业设计。其次，变革作业设计的逻辑路径，抽取大概念或者大主题，以大概念或大主题为中轴串联作业设计线，作为大单元式作业设计的导航标。第三，用好课后题，并进行精心设计，架构表现性作业内容，减轻学生的作业负担，提高作业效

---

① 教育部. 义务教育语文课程标准（2022年版）[Z]. 北京：北京师范大学出版社，2022：48.

率。第四，在作业表现形式表现上，应该做到简化、精化、层次化。杜绝题海战术多元化设计作业，合理布置作业。总而言之，新课标背景下的作业评价首要注重的是作业设计，坚持核心素养导向，坚定学生学习立场，突出学科特性，帮助学生作为主体在掌握关键能力、形成必备品格、树立正确的价值观念等重要方面有所突破和成长，表现在语文学科方面就是语言运用、文化自信、思维能力和审美创造四个方面的协调统一、全面发展。

　　作业评价作为过程性评价的重要构成，与教学评价保持一致的评价目的。布鲁姆指出，"评价的目的，像现有的教育系统最常用的那样，基本上是把学生分等与分类。它被用来区分失败的（D 或 F 等）学生、成功的（A 或 B 等）学生以及过得去的（C 等）学生。学校内通常使用的测试以及其他形式的评价，对于改进教学作用甚微，而且难以确保所有（或几乎所有）学生去学会那些被学校认为重要的任务，达到教育过程的终极目标……据我们看来，评价乃是系统收集证据用以确定学习者实际上是否发生了某些变化，确定学生个体变化的数量或程度"[①]。因此，为了确证学生的语文学习真实发生，就需要通过有效的作业设计实现对学习效果的即时评价。作业设计作为作业评价的核心，其根本原则在于讲求素养生成的过程性，凸显学生在学习过程中的主体地位，注重贴近现实生活。与此同时，新课标背景下素养本位的作业评价与设计，还需表现出协商与建构的特征，它打破了传统语文作业评价的弊端，强调通过师生协商产生作业的目标、内容、形式以及结果呈现，如此可克服评价标准单一、评价主体单一等弊病，进而制定可供遵循的评价原则，思考具体课型的评价策略。

　　比较阅读是学生学习当代文化参与任务群的主要方式之一，指向学生文化自信和思维发展等方面的素养发展。作为文化参与的主要方式，在作业设计方面要增强学科知识与学生成长的关联性，提出明确具体的作业要求和支架型辅助学习的资源。中学文言文教学主要以单篇文本教学为主，而教材中单篇文言文指向单一或几个文章要素，而不是系统的文章要素；指向单一或几个的思维技能训练，而不是全面的思维能力提升；指向作家与时代的某一

[①] 布卢姆. 教育评价［M］. 邱渊，等，译. 上海：华东师范大学出版社，1987：1—6.

方面中心或几个方面的主旨，而不是一系列文章聚焦的同一主题或议题。温儒敏主编认为，现在语文课最大的弊病是读书太少。教材只能提供少量课文，光是教课文读课文远远不够。[①] 因此他建议通过"1+X"课内外文言文组合的方式解决读好文言文的问题，这不仅可以厚实学生在初高中阶段文言文的阅读量，还可以有效提升中学生的思维能力。通过课内外文言文组合不仅可以提高学生的文言文阅读能力，更可以通过课内外比较实现有效的作业设计，在比较中培养学生的语言文字运用能力。

如何实现文言文阅读多文本组合？在教材单篇阅读材料基础上，以多个材料组合成比较关联阅读；或通过"1+X"的文本组合方式，将多则课内外材料糅合为主题式或议题式阅读，从而实现语文课标所要求的"围绕情境选择相关材料，设置一组有内在联系的、指向核心素养的问题或任务"，这正类似学界已经探索的群文阅读。比较是一种基本的思维模式，也是统编教材的学习提示和单元任务经常提及的思维方法。"比较"指在客观存在的共性基础上，将多种现象、多个事物联系起来，分析它们的相似性或差异性。围绕"比较"思维，在高二下学期进行作业设计并形成一个大单元的作业系统。以下这一个作业设计就是大单元作业系统中的重要组成部分。

【课例呈现】

文言复合文本的能力考查类作业设计

一、作业目标

1. 能运用《古代汉语词典》，梳理《宋史·蔡襄传（节选）》和《吴越春秋》的文言知识，丰富文言字词积累。

2. 能在老师帮助下提炼比较阅读文本的比较要素，并通过作答不同的比较题型，培养比较思维等高阶思维技能。

3. 通过阅读组合文本，提升对传统文化的热爱，并培养积极参与建设家乡的情怀以及在逆境中卧薪尝胆、奋发有为的中国精神。

[①] 温儒敏. 部编本语文教材的编写理念、特色与使用建议 [J]. 课程. 教材. 教法, 2016 (11)：3—11.

二、作业内容

1. 学习任务一：比较阅读《一点一横洛阳桥》（散文）和《宋史·蔡襄传》（史传）

文本一：

一点一横洛阳桥（节选）
徐剑

宋皇祐五年，开始造桥，那时海水涌动，不好架桥墩，太守让船家从海中运花岗岩，从南到北行至海中央，抛石，抛成一道海中挡浪堤，然后在堤上砌成小舟形状，再砌桥墩。桥长 1200 米，该搭桥盖石板了，石板长 11 米多，宽 1 米多，厚 80 厘米，都是海心石，凿成像汴京宫城的大条石，有数十吨之重，如何运来，安装桥上，是一道难题。可是中国大工匠匠心独到，蓦地想到，从海中央石山采石，凿成巨型条石，横在两条小舟之上，平行运石而来，运至两个桥墩处，静待海水涨潮。潮起，水涨船高，将巨型条石两端放于桥墩上，海水退时，撤走小船，那一块块的巨型长条花岗岩，就稳稳地落在了桥墩上。海水浸泡，海蛎子附着于桥墩，疯狂生长，一层包一层，天长日久，海枯石烂，无形中海蛎子成了桥墩的保护层。

历时 6 载，1200 米的跨江接海的大石桥落成了，东西两侧装有 500 个石雕扶栏，28 尊石狮蹲在其上，兼有 7 亭 9 塔点缀其间，武士石仲翁守桥，月光菩萨镇海，一桥南北植松树 700 棵。

落成的桥初取名万安桥。150 字的石碑刻成了，碑高近 3 米，每个字都如书本般大。刻成两块巨碑，置放于桥南娘娘庙。他抵时，金粉褪尽，海神庙成了蔡襄祠，一块碑为原件仍在，另一件沉于海中，为大清年代重制。"址于渊，酾水为四十七道，梁空以行。其长三千六百尺，广丈有五尺，翼以扶栏，为其长而两之。糜金钱一千四百万，求诸施者。渡实支海，去舟而徒，易危而安，民莫不利。职其事者：庐锡、王实、许忠、浮图义波、宗善等十有五人。既成，太守莆阳蔡襄为之合乐宴饮而落之。明年秋，蒙召返京，道由出是，因纪所作，勒于岸左。"

文本二：

蔡襄，字君谟，兴化仙游人。举进士，为西京留守推官、馆阁校勘。范仲淹以言事去国，余靖论救之，尹洙请与同贬，欧阳修移书责司谏高若讷，由是三人者皆坐谴。襄作《四贤一不肖诗》，都人士争相传写，鬻书者市之，得厚利。庆历三年，仁宗更用辅相，亲擢靖、修及王素为谏官，襄又以诗贺，三人列荐之，帝亦命襄知谏院。襄喜言路开，而虑正人难久立也。乃上疏……夏竦罢枢密使，韩琦、范仲淹在位，襄言："陛下罢竦而用琦、仲淹，士大夫贺于朝，庶民歌于路，至饮酒叫号以为欢。且退一邪，进一贤，岂遂能关天下轻重哉？盖一邪退则其类退，一贤进则其类进。众邪并退，众贤并进，海内有不泰乎！虽然，臣切忧之。天下之势，譬犹病者，陛下既得良医矣，信任不疑，非徒愈病，而又寿民。医虽良术，不得尽用，则病且日深，虽有和、扁，难责效矣。"……徙知泉州，距州二十里万安渡，绝海而济，往来畏其险。襄立石为梁，其长三百六十丈，种蛎于础以为固，至今赖焉。又植松七百里以庇道路，闽人刻碑纪德。治平三年，丁母忧。明年卒，年五十六。乾道中，赐襄谥曰忠惠。（节选自《宋史·蔡襄传》）

同是叙写建造洛阳桥的事，两则文本对材料的处理方法不同。为什么？请简要分析。（6分）

2. 学习任务二：比较阅读《吴越春秋》（文言笔记）和《胆剑篇》（话剧）

文本一：

吴师累败，遂栖吴王于姑胥之山。吴使王孙骆肉袒膝行而前，请成于越王，曰："孤臣夫差，敢布腹心：异日得罪于会稽，夫差不敢逆命，得与君王结成以归。今君王举兵而诛孤臣，孤臣惟命是听，意者犹以今日之姑胥，曩日之会稽也。若徼天之中，得赦其大辟，则吴愿长为臣妾。"勾践不忍其言，将许之成。范蠡曰："会稽之事，天以越赐吴，吴不取；今天以吴赐越，越可逆命乎？且君王早朝晏罢，切齿铭骨，谋之二十余年，岂不缘一朝之事耶？今日得而弃之，其计可乎？天与不取，还受其咎。君何忘会稽之厄乎？"勾践曰："吾欲听子言，不忍对其使者。"范蠡遂鸣鼓而进兵曰："王已属政于执事，使者急去，不时得罪。"吴使涕泣而去。勾践怜之，使令入谓吴王曰："吾置君于甬东，给君夫妇三百余家，以没王世，可乎？"吴王辞曰："天降祸于吴国，不在前后，正孤之身，失灭宗庙社稷者。吴之土地、民臣，越既有

之，孤老矣，不能臣王。"遂伏剑自杀。(《吴越春秋·勾践伐吴外传》)

文本二：

夫差：(顿时心中恼怒起来，忽然立起，拔出了剑)现在我命王孙雄大夫坐镇越国。谁敢不听吴国号令，就如同这顽石一样。[一剑刺进石崖里，武士们相顾失色。]

伯嚭：大王真是神力惊人！

夫差：留给你们做不臣服寡人的警戒吧。今后，谁敢碰这"镇越神剑"的，王孙雄，——

王孙雄：(躬身)在。

夫差：你就灭他的全家，夷他的九族，杀尽当地的老小。(转对希虎，指勾践，傲然)把这大禹的末代子孙送上船去。[夫差略一挥手，杀气森严的武士们和吴国官员一起簇拥着大王，威严地走下。]

[台上留下越国的君臣，大家沉默]

勾践：(仰天痛呼)大禹的末代子孙！(一抬头，望见崖石上插着的"镇越神剑"，冲前欲拔)

[范蠡、文种及群臣慌忙跪下谏阻。]

范蠡：文种(匍匐在地)大王！——

勾践：(强自抑制)大禹的末代子孙！

文种：(安慰地)大王珍重。百姓还要求见大王呢！

勾践：我没有面目见百姓！(望见范蠡身上的佩剑，愤不欲生，上前拔剑)

[范蠡按剑，跪阻。]

范蠡：大王！——

(节选自曹禺《胆剑篇》)

与文本一相比，文本二在对话语体上体现出哪些不同的特点？请组成文言作品共读小组，定期交流阅读感受，最终合作完成作业。

三、作业时间

上述作业建议在校晚自修，或自主安排在家完成。上述两项作业，建议阅读与作答时间共 25 分钟。

四、作业难度

在高二下学期的学习阶段，本班学生虽然完成了统编必修和选择性必修上册与中册等四本教材的学习任务，但尚未正确并熟练地掌握"比较"思维的方法，因此将"比较"思维的训练作为本章作业的重点。

【课例观察】

作业是获取、巩固、应用知识的手段，以积极的心态，调动原有的知识和经验，尝试解决新问题，同化新知识，并积极建构新知识的主动学习过程。作为教学评价方式和教学效果的检测方式，应该从目标、内容和难度三个维度建构作业评价的实践标准，实现增值评价。

首先，目标统率着内容、结构与评价。作业目标主要反映作业需要实现的功能和作用。作业目标科学与否决定作业设计的起点是否正确，它是作业设计的基本依据。[1] 从作业目标来看，本课时作业目标有三项：文言字词的积累、比较思维的技能训练和文化意识的培养。这三项作业目标有两大特点：一是作业目标与课程标准的内容、与阶段的教学目标之间有很紧密的联系；二是作业目标有递进性，三项目标按照学生的学习水平层层递进，既注重基础性的积累，又有一定难度的提升，可以满足不同学习能力的学生。当然，作业目标应具有可检测性，如第一项目标"梳理《宋史·蔡襄传（节选）》和《吴越春秋》的文言知识，丰富自己的文言字词积累"就难以诊断学生的学习现状：学生有没有去梳理文言字词，文言字词梳理到了什么程度，有没有存在哪些字词需要老师协助解决，等等。

其次，内容是作业的载体与依托，作业内容设计需要考虑作业的立意、情境与进阶。第一，内容的立意指向的是有效作业目标。从作业内容来看，一是作业内容一般是依据作业目标进行设计的。教学案例的作业内容主要聚焦第二项和第三项作业目标，重点呼应了比较思维的训练和文化意识的培养，而第一项作业目标则没有真正落实，可能是班级的学生文言基础较好，可以自主完成文言字词积累；二是科学性作业内容的情境表达要清晰明确，贴近

---

[1] 王月芬. 高质量学校作业体系建构的价值与策略[J]. 中小学管理，2021（10）：9—13.

学生的生活实际，符合学习的过程需要，具有科学性和可操作性。比如学习任务二的作业设计具有一定的综合性、实践性、合作性，但就科学性而言，有多处值得完善的问题：共读小组是几人一组？定期交流是指多久交流一次？合作完成作业要小组成员怎么合作？如果老师的作业表述不科学，作业测评的效果就不够精准；三是进阶性作业内容要有一定的层进度，也就是做题要循序渐进，使其符合学生阅读认知的规律，如果一下子把最难的题目抛给学生完成，而前面又缺乏必要的习题预热，学生没有支架可以借助。如果在学习任务二的作业设计中，我们让学生"预热"一道习题：戏剧表演中的每一句话都表明说话人的意愿、情感、意图等。文中"大禹的末代子孙"在对话中重复出现三次，各表现了人物怎样的心态？请简要分析。如此一来，就能引导学生浸入文本内部的情感氛围，也能搭好"支架"以便学生顺利完成后面解题思维过程较复杂的题目。

最后，作业设计要与学生知识水平、兴趣等实际情况相适应。"贴近学生生活"的作业设计适合不同能力水平和不同家庭背景的孩子，对培养学生毅力、责任心、自信心、成就感，保持学习兴趣，强化学习后劲，促进自我时间管理等方面具有积极作用。[①] 从作业难度来看，教学案例主要从学生对教材和课标相关知识和能力掌握情况进行学情分析，将掌握得不熟练但又是学科知识或课标要求掌握的内容作为作业重点，这是科学判断学情、预估作业难度的一大途径。如果教师批改作业后发现作业预估难度和实际难度存在差异，就应该有意识地进行动态适度调整：学习任务一中"处理方法"这一比较角度的思维空间较大，学生的积累可能不足，如果提供更具体的比较角度——详写与略写，那么作业难度就会降低；学习任务二中学生对舞台剧本的对话特点缺乏积累，不了解这种对话语体具有充满活力的动作性，因此提示相应的必备知识，或观赏此类舞台剧都是解决知识盲区的好办法。作业难度设置的另一途径是作业设计考虑学生认知最近发展区：难度过低的作业会使学生乏味，难度过高的作业会让学生缺乏信心。学习任务二的"对话语体"解题要素就会显得高端而抽象，让学生费解，比较型的解题思维过程又相对复杂，

---

① 曾春妹. 中小学生课外作业的有效设计与管理 [J]. 教学与管理，2012（36）：65－66.

让学生却步。如果学生的认知有了新发展，我们也可设置下面的试题考查探究创新方面的能力：《吴越春秋》曰"（夫差）遂伏剑自杀"；《左传》"吴王（夫差）曰'孤老矣，焉能事君？'乃自缢"；《越世家》只说（夫差）"自杀"。你认为夫差最有可能是用什么方式自杀的。请查找相关历史文献，结合夫差这一人物形象，写下你的看法及理由。

【教学探讨】

语文是一门综合性、实践性很强的课程。基于核心素养的作业设计应该重点关注小课题研究、专题探究性作业、语文综合实践活动等多样化的作业形式，培养知识和技能的应用与迁移能力、问题解决能力，彰显实践性、合作性、交际性、综合性和创新性等素养的培育。[①] 核心素养导向的作业设计至少应考虑如下几个要素：适切的作业目标、科学的作业内容、恰当的作业时间、丰富的作业类型、适合的作业难度、差异性的作业、有分析有改进的作业批改。作业目标是作业设计的起点，本章的作业目标与课标学业质量水平4"能比较两个以上的文学作品在主题、表现形式、作品风格上的异同"相一致，同时又呼应统编教材对比较思维的语用要求。作业内容与作业目标大部分一致，并且作业内容对应的是比较、分析等高阶思维培养的目标，对以往的文言文教法有一定突破与创新。以下从作业类型、作业的差异性、作业的分析改进等三个方面进一步加以创新，希望能进一步打开新天地。

一、作业类型

高质量的作业需要根据作业目的，区分出不同的作业类型，并设计相适切的作业内容，寻求合适的通用设计方式。美国的作业研究者艾琳·迪普卡（Eileen Depka）根据作业目的定位不同，将作业分为诊断性作业、导向性作业、形成性作业与总结性作业四种类型[②]，凸显了诊断性、形成性和终结性评价的具体表现形式。本节主要从书面作业、操作方式两个维度对上述学习任务的作业类型进行丰富与补充，以便促使形成性评价和终结性评价的统一。

[①] 章新其. 指向核心素养发展的语文作业设计［J］. 语文建设，2021（21）：33—37.
[②] 黄金丽. "双减"背景下语文作业设计类型与通用方式［J］. 语文建设，2022（11）：32—35.

作业类型	新增作业
书面作业	1. 请整理《宋史·蔡襄传》和《吴越春秋·勾践伐吴外传》两篇文言文的特殊句式和词类活用，并将其分类记录在笔记本上。
	2. 请用思维图的形式，整理叙述类语体（史传、叙事类散文）与对话类语体（话剧）的不同特点。
操作方式	1. 请想象夫差落败时与勾践见面时的场景，根据《吴越春秋·勾践伐吴外传》，将其改写成剧本，并在班级进行表演。 ▲写作提示：可以仿照《胆剑篇》进行构思。
	2. 组织学生参观洛阳桥、蔡襄纪念祠等世界文化遗产，或组织学生观看《人类的记忆——中国的世界遗产》第二十五集"泉州·宋元中国的世界海洋商贸中心"。

实践表明，多种组合型的作业对学生的知识理解、动手能力、观察能力、情感熏陶、写作表达、意志品质等有综合的作用。到底采用哪种类型的作业更适合学生，取决于课程视域下的作业功能与目标定位。

二、作业差异性

因先天或后天综合因素影响，学生个体发展存在差异性，表现为同一群体中个体发展水平不平衡，或同一个体身上不同能力发展不平衡。这就意味着需要通过因材施教式的差异性作业设计有效激发学生的学习兴趣和潜能，但是教师习惯在班级布置一份面向全体的同一作业，很少针对个体差异来布置差异性的作业。不同学生在必备知识、兴趣爱好、学习动机、思维技能、认知能力等方面存在差异，需要教师在作业设计时至少要有以下考虑。

一是给学生提供整体性的教学支架，降低学习难度。针对必备知识不足的现实情境，教师通过提供教学支架来降低作业难度，如将学习任务的习题作如下改编：

学习任务一	1. 同是叙写建造洛阳桥的事，两则文本对材料的处理方法不同。《一点一横洛阳桥》写得详细，而《宋史·蔡襄传》写得简略，试举一例。 2. 这两则文字，对材料取舍、详略不同的主要原因是什么？请简要说明。
学习任务二	这两个文本都是写君王落败受辱的场景，但文本文体不同，因而文中对话的特点也有差异。请比较并简要分析。

二是通过不同作业类型体现学习兴趣和技能差异。作业分层是减轻学生作业压力、进行差异性教学的有效途径。教师因材布置作业，对于不同层次、不同特质的学生允许采用必做和选做等多样化的作业形式，发挥作业的积极性、主观性、主动性。有写作能力的同学改写剧本，有表演能力的同学进行课本剧表演；喜欢影视的同学可以观看央视网的纪录片了解本地的世界文化遗产，对家乡建设有浓厚兴趣的同学可撰写保护当地文化遗产或弘扬当地文化精神的建议书。对于不同学习基础的学生完成不同难度作业需要谨慎辩证地研究，如果基础较弱的同学经常限定在低水准的基本技能的训练或基本的学习纪律学习习惯的养成，而忽视了推理、比较、分析、评价等高阶思维的培养，这样分层的差异性作业，有可能导致学习能力的两极分化。

三、作业批改分析与改进

《义务教育语文课程标准（2022年版）》指出："教师要认真批改学生作业，针对学生素养水平和个性特点提出意见，及时反馈和讲评，激发学生的学习热情，保护学生的自尊心，尊重学生的个性差异；要对学生作业进行跟踪评价，梳理学生作业发展变化的轨迹，及时反馈不同阶段作业质量的整体情况。"[1] 教学案例中教师不妨从以下几点对学生进行个性化分析：

一是为不同层次的学生建立文言文字词积累量的电子档案。档案里积累量大的同学，可以增加文言文阅读的难度，积累量较少的同学，可以提供文言文字词的助读练习。

二是根据学习任务的主观题答题统计，每次记录5个同学的主要问题和不足，下一次再换5个同学进行记录，日积月累，就可以整体了解本班的典型问题。

三是记录要点侧重试题内容、思维技能、学习习惯等方面存在的问题，本节教学案例可重点记录"比较"思维技能的掌握情况。（见表1）

---

[1] 教育部. 义务教育语文课程标准（2022年版）[Z]. 北京：北京师范大学出版社，2022：48.

表 1　学生作业中"比较"思维技能的错误类型记录

学生姓名	比较对象	比较内容	比较主题	比较标准	比较结果
学生 1					
学生 2					
学生 3					
……					
改进措施					

总而言之，教师不能凭借印象、经验去评价学生的作业表现，而应当基于日常作业存在的主要问题和改进措施不断积累，发现错误原因，改进作业设计，这才能让作业设计真正起到帮助学生解决问题的作用。随着学段升高，作业设计要在识记、理解和应用的基础上加强综合性、探究性和开放性，为学生发挥创造力提供空间。

第三节　表现性评价
——以"综合性学习：养天地正气，法古今完人"为例

《普通高中语文课程标准》（2017 年版 2020 年修订）指出："语文学科核心素养需要在真实的语文学习任务情境中综合考查。"[①] 因此，语文课程作为一门综合性与实践性课程，对其综合性学习的评价主要就是表现性评价。其实课堂教学中的大多数学习评价也都是综合性和表现性意义的评价。语文教师应根据实际需要，整合诊断性评价、形成性评价、终结性评价等多种评价方式，考查学生核心素养的发展情况。具体而言，评价重点包括：语言积累、梳理与迁移运用能力；在独立研习古今中外经典作品过程中阐释文本阅读体验的能力；语言实践中的逻辑推理能力和实证意识，以及运用科学思想方法

---

① 教育部. 普通高中语文课程标准（2017 年版 2020 年修订）[Z]. 北京：北京师范大学出版社，2020：46.

解决实际问题的能力；古代文化遗产的辨别，中外文化要义的理解，以及对科技文化的理解与反思等。在文学鉴赏中，有正确的价值观，有追求高尚审美情趣和审美品位的意愿。①

那么，何谓表现性评价？表现性评价又叫非传统评价或真实性评价，是对学生内在能力或倾向的行为表现的评价，也是对学生能力（倾向）表现的直接评价，形式包括口头表述、问题讨论、写简单报告以及能够运用语文知识分析和解决实践问题等等，②旨在提升学生学习能力、思维能力，是对语文学习"既评定过程又评定结果的学业评价方式"③。作为一种高级学习的评价方式，语文表现性评价通过对学生外在行为表现的分析，评判其内在的语言文字运用能力现状和发展趋势，是对真实实践活动情境内运用知识解决问题的表现而进行的评价方式。语文表现性评价不仅要关注学生学科成绩评价，更要关注学生语文学习过程中对知识理解和技能运用以及学习方法的掌握、思维质量的提高、价值观的转变和情感态度的发展等方面。表现性评价改变了传统的单一总结性评价或总结性评价，实现对学生语文学习过程的评价与学习结果的和谐统一，可以有效发挥评价对改善教师教学和学生学习的积极指导作用。

语文综合性学习是进行表现性评价的最佳路径和活动载体。语文综合性学习是"在真实的或接近真实的情境中展开的、整合了两种或两种以上语文要素（读写听说）的言语实践活动"④，"表现性技能"和"产生成果的能力"是其主要学习目标。下面以"如何在综合性学习活动中弘扬家教文化"为主题，进行具体表现性评价的阐释。我国历来重视发挥家庭教育的价值，家庭是生产、生活、教育等多样化功能的综合体，子女教育通过家学私塾、父母的言传身教实现。传统家教文化作为中华民族特有的一种文化现象，融会了

---

① 教育部. 普通高中语文课程标准（2017年版2020年修订）[Z]. 北京：北京师范大学出版社，2020：46—47.
② 雷实，等. 语文教学评价 [M]. 长春：东北师范大学出版社，2006：255.
③ 科林·马什. 初任教师手册 [M]. 吴刚平，何利群，译. 北京：教育科学出版社，2005：277.
④ 申宣成. 表现性评价在语文综合性学习中的应用 [M]. 郑州：大象出版社，2015：48—49.

"先国后己""国而忘己""自强报国""修身治国"等爱国主义思想，对于传承民族精神，培植国家认同观念，塑造社会理想人格具有非常现实的理论价值和实践意义。

【课例呈现】

综合性学习：养天地正气，法古今完人

中华民族自古以来就有重视家庭教育的优良传统。家庭教育是一个人接受教育的起点，是人生"打底色"的教育。2021年10月，《中华人民共和国家庭教育促进法》审议通过并于2022年1月1日起实施。家庭教育由以家规、家训、家书为载体的传统模式，向以法治为引领和驱动、以社会主义核心价值观为主要内容、以立德树人为根本任务的新模式迭代升级，将家庭教育由传统"家事"上升为新时代的重要"国事"。

家庭教育，是指父母或者其他监护人为促进未成年人全面健康成长，对其实施的道德品质、身体素质、生活技能、文化修养、行为习惯等方面的培育、引导和影响。教学案例聚焦"从中华优秀传统文化中汲取家庭教育的重要滋养"，通过综合性学习活动的形式，以古代优秀的家庭教育思想——涵养正道和人格教育优先为主线，贯穿古代家庭教育言传身教和寓教于乐的教育方式，设计综合性实践活动来探究"如何从中华优秀传统文化中汲取现代家庭教育智慧"。

重视家庭教育是中华民族的优良传统，家庭是人生的第一个课堂，父母是孩子的第一任老师。有什么样的家教，就有什么样的人。家庭教育涉及很多方面，但最重要的是品德教育，即如何做人的教育。中华优秀传统文化中蕴含着丰富的家庭教育思想，在以"养正"之学为核心，以家庭教育为载体的教育传统下，我们要更加重视中华优秀传统文化对于滋养现代家庭教育的重要作用。

一、确定表现性目标，传承古代优秀家庭教育思想

（一）"涵养正道"

青少年教育最重要的是教给正确的思想，引导他们走正路。

(示例1)

原文：蒙以养正，圣功也。（《周易·蒙》）

释义：蒙童时期应培养纯正无邪的品质，这是培养圣人的成功之路。

解析：青少年时期是人生的"拔节孕穗期"，最需要精心引导和栽培。

(示例2)

孟子：富贵不能淫，贫贱不能移，威武不能屈。

范仲淹：先天下之忧而忧，后天下之乐而乐。

顾炎武：天下兴亡，匹夫有责。

设计意图："养正之学"构筑了中国人独特的精神世界，升华了中华儿女优秀的道德品质，形成了强大的民族凝聚力。"养天地正气，法古今完人"，培养一个正直、有德行的人仍然是我们当下家庭教育的根本目的。父母作为孩子的第一任老师，家庭作为孩子的第一间课堂，都有责任和义务在他们青春懵懂时，带他们走好人生第一步。

只有"扣好人生第一粒扣子"，养正气，走正道，青少年才能在不断成长中坚定信念、勇挑重担、展现担当。

（二）人格教育

在传统家国同构的社会模式下，家庭、家族教育是实现教育的重要途径。在几千年的传承中，家庭教育形成了一套行之有效的原则，如重视孝、仁、诚、勤等教育原则。

(示例3)

孝："不爱其亲而爱他人者，谓之悖德，不敬其亲而敬他人者，谓之悖礼。"（《孝经》）

仁："苟志于仁矣，无恶也。""当仁不让于师"（《论语》）

设计意图：宋代吕祖谦在《少仪外传》中讲："向善背恶，去彼取此，此幼学所当先也。"在他看来，保有自己的仁爱之心，追求善而背弃恶，是青少年成人的基础。

(示例4)

诚："诚者，物之终始，不诚无物。"（《中庸》）

信："终身不敢妄语，待人惟以诚信为尚。"（司马光）

设计意图:"诚"是立身处世的根本。人无信不立。司马光五岁的时候,剥不开一个青皮核桃,家人用热水帮他泡开,后面司马光的姐姐从外面进来,问是谁剥开的,司马光便说是自己剥开的。父亲听到后,斥责其说谎话。这件事情对司马光影响很大。

(示例5)

勤:"天行健,君子以自强不息。"(《周易·乾》)

"勤劳者,立身为善之本,不勤不劳,万事不举。"(吕本中《童蒙训》)

设计意图:传统家庭教育重视培养子弟的勤劳作风。古人认为"勤"是立身为善之本,是处身居业之先。现代教育也是"书山有路勤为径"。

二、确定表现性内容,品读古代家庭教育方法

(一)言传身教,以身作则

中国传统家教通过"以身作则""潜移默化"的方法影响并塑造子女的人格。在传统教育思想中,严慈相济是家庭教育中最难把握的一点,其弊者常在于溺爱有余而威严不足。

问题:如何实现"养"与"教"的结合?爱护和教育结合起来是家教的重要原则,"无教而有爱",必将铸成大错。

(示例6)

"人之爱子,罕亦能均;自古及今,此弊多矣。……有偏宠者,虽欲以厚之,更所以祸之。"(《颜氏家训》)

初,郑武公娶于申,曰武姜。生庄公及共叔段。庄公寤生,惊姜氏,故名曰"寤生",遂恶之。爱共叔段,欲立之,亟请于武公,公弗许。

及庄公即位,(姜氏)为之请制。公曰:"制,岩邑也,虢叔死焉,佗邑唯命。"请京,使居之,谓之京城大叔。祭仲曰:"都城过百雉,国之害也。先王之制:大都,不过参国之一;中,五之一;小,九之一。今京不度,非制也,君将不堪。"公曰:"姜氏欲之,焉辟害?"对曰:"姜氏何厌之有?不如早为之所,无使滋蔓。蔓难图也。蔓草犹不可除,况君之宠弟乎?"公曰:"多行不义必自毙,子姑待之。"

既而大叔命西鄙北鄙贰于己。公子吕曰:"国不堪贰,君将若之何?欲与大叔,臣请事之;若弗与,则请除之,无生民心。"公曰:"无庸,将自及。"

大叔又收贰以为己邑，至于廪延。子封曰："可矣。厚将得众。"公曰："不义不昵，厚将崩。"

大叔完聚，缮甲兵，具卒乘，将袭郑。夫人将启之。公闻其期，曰："可矣！"命子封帅车二百乘以伐京。京叛大叔段。段入于鄢，公伐诸鄢。五月辛丑，大叔出奔共。（《左传》）

学习任务1：请从家庭教育的角度，谈谈"郑伯克段于鄢"这一历史故事对你的启发。

（二）寓教于乐，人文化成

青少年对社会和事物的认知尚处于懵懂的成长过程中，古人在教育孩童时，注重通过寓教于故事这种形象生动的形式来达到教育目的。

我们一起来分享"孝"的故事。先看《韩诗外传》的一段佚文：

伯瑜有过，其母笞之，泣。母曰："他日笞汝未尝泣今泣何也？"对曰："他日得杖常痛，今母老矣，无力，不能痛，是以泣。"

学习任务2：①请用"\"对文中画波浪线部分进行断句。②把文言语段翻译成现代汉语。

设计意图：这篇短文的大意是：古人伯瑜有一天犯错，他的母亲用鞭子教育他，打着打着，伯瑜就哭泣起来。母亲说，过去打你，你一滴眼泪都没有，今天却哭得这么厉害，为什么呢？伯瑜回答母亲说，过去犯错，被您杖打，常常后背都疼痛，今天母亲年纪大了，没有力气，一样的杖打却没有疼痛，因此哭泣。

听了这个故事，你有哪些感触或思考？小组交流并分享一个关于"孝"的故事。

三、确定表现性活动，在项目式探究中展开活动

以小组为单位完成下列任务。

1. 观看"感动中国人物"颁奖晚会，并尝试有感情地集体朗诵这篇颁奖词。

2. 搜集、阅读、整理有关"古代家庭教育"的文章、名言警句、成语典故和其他材料，并联系当今社会的家庭教育经历，讨论交流各自对家庭教育的看法与认识。

3. 班级拟开展"家庭教育经验分享会",请你邀请父母参加,并帮助他们拟写一份家庭教育经验分享的发言稿,适当辅助一些家庭教育的图片或视频。

4. 填写调查问卷。你的家庭教育状况怎样?请根据实际情况填写资料包中的调查问卷。根据对调查表的汇总分析展开小组讨论,找出家庭教育中存在的共性问题,分析原因并开出"药方"。

5. 为协同家校合作,学校拟邀请泉州市家庭教育有关专家到学校传经授宝,请以校学生会名义写一份邀请函,并组织设计这一期"家庭教育"主题海报。

6. 有家长在"家庭教育经验分享会"上说,做父母正确的教育方式,是小学重在陪伴、初中重在尊重、高中重在放手。请结合自身家庭教育,谈谈你对此观点的理解。

【课例观察】

综合性学习既是一种课程组织形态,又是一种学习方式,是以学会生存、学会学习为目标,以学生的学习兴趣与需要等内部动机为基轴,通过调查、实践、亲身体验、信息技术的应用等综合运用各学科知识和技能,和合作、交流、发表演讲等活动,使学生的学习得到深化、扩展的生产性学习。[①] 其根本特性就是综合性。这里的"综合"主要是指在知识形成和应用中体现出学科知识的综合。综合性活动涉及问卷调查、邀请函、发言稿、活动策划书、PPT制作、主持词等多文体协作的综合,在综合性学习中体现出听、说、读、写、思等多种语文能力的综合,在学生的活动探究过程中体现出学习生活和生活经验的综合,最终实现语言文字运用能力培养的语文课程目标。综合性学习之于学生语文核心素养的形成、学习能力的发展以及个体的成长,具有十分重要的作用。如何开展语文综合性学习呢?

首先,确定活动主题。综合性学习活动设计从"立德树人"角度出发,将主题聚焦在家庭教育中的"品德教育",即对应核心素养的必备品格发展。中国传统的家庭教育首重道德教育、人格教育,也就是现在所说的"德育"

---

① 薛辉,薛彦华. 试析语文教学中的"综合性学习"[J]. 中学语文教学,2003(10):12—13.

和个人品行修养。课例抓住古代家庭的重要支柱——品德教育进行综合活动，既具有文化参与和文化传承的意义，也具有以文化人的育人意义。当然，古代家庭教育不仅仅是品德教育，还有我们现在提倡的"劳动教育"，以下就是重视耕读教育的两个典型示例。

(示例7)

阅读下面这首宋诗，完成下面小题。【2021年新高考Ⅱ卷】

示儿子

陆游

禄食无功我自知，汝曹何以报明时？

为农为士亦奚异，事国事亲惟不欺。

道在六经宁有尽，躬耕百亩可无饥。

最亲切处今相付，熟读周公七月诗[注]。

[注]七月诗：指《诗经·豳风·七月》，是一首描写农民劳作和生活的农事诗。

15. 下列对这首诗的理解和赏析，不正确的一项是（　　）

A. 本诗的首联以问句领起全篇，自然引出下文诗人对儿子的谆谆教诲。

B. 诗人指出，不论是侍奉父母还是服务国家，"不欺"都是至关重要的。

C. 诗人认为，生逢"明时"不必读书求仕，"躬耕"才是一种理想状态。

D. 诗人在最后强调，自己传授给儿子的人生道理是最为真切、确实的。

16. 诗人指出"道在六经宁有尽"，又让儿子"熟读周公七月诗"，对此你是如何理解的？

(示例8)

古人欲知稼穑之艰难，斯盖贵谷务本之道也。夫食为民天，民非食不生矣。三日不粒，父子不能相存。耕种之，茠锄之，刈获之，载积之，打拂之，簸扬之，凡几涉手，而入仓廪，安可轻农事而贵末业哉！江南朝士，因晋中兴，南渡江，卒为羁旅，至今八九世，未有力田，悉资俸禄而食耳。假令有者，皆信僮仆为之，未尝目观起一坺土，耘一株苗，不知几月当下，几月当收，安识世间余务乎？故治官则不了，营家则不办，皆优闲之过也。（《颜氏家训》）

这则材料的主要观点是什么？请简要说明。

【参考答案】重视农耕是立国的根本，士大夫只有了解农民的辛劳，才能做好其他事务。

其次，确定活动内容。基于活动主题选择合适的内容是确保学习活动有效展开的重要依据。教师在备课时要善于调动学生和自己一起进行课前准备确定活动内容，从而为教材的学习开拓崭新领域。综合性学习活动设计中，先是提供示例后再引导学生阅读与思考。如果把"活动探究"的第 2 项任务——将全班同学分为若干小组，分别去搜集、阅读、整理有关"古代家庭教育"的文章、名言警句、成语典故和其他材料，放在课前去完成，就能为整个综合性学习活动打下学习基础，更好观察学生的学习表现。

第三，设计评价指标。语文综合性学习要善于创设探究性的综合学习情境，生成学生学习表现观测点。具体操作过程可以分为三个阶段——进入问题情境、探究体验、表达交流。案例学习活动中第 2 个教学步骤是有关"古代家庭教育的重要方法"，老师通过 PPT 投映文言文材料，引导学生进入问题情境，这时候教师不应急于解读答案或独自讲解，最好将全班同学分为不同小组，组内研读搜集到的资料，联系家庭教育经历，讨论交流各自对家庭教育的看法与认识。现代社会的家庭教育多种多样，与传统家庭教育方式有很多相似点，也有很多不同点。在讨论交流中可就此问题让学生多谈谈自己的观点，这种有体验有表达的授课方式更有利于创设探究性综合性学习情境。如果小组讨论得不够深入或体验不够真切，适当穿插一些数字资源会让阅读与思考更加深入全面，比如播放纪录片《读书的力量》第 4 集（时长 24 分钟左右），这段视频通过钱镠家族、翁同龢家族、蒲松龄传奇等，揭示了人生的高度与读书之间的关联，让学生真切感受到读书的祖传家训具有启示教育的价值。

最后，实施学习活动。语文综合性学习活动设计要善于组织课后延展中的综合性学习活动，以确保促进学生语文素养等综合能力的提高不"断层"，形成"课前—课中—课后"的良性循环，即让学生的学习表现从课堂走向生活，在学以致用中真正培养语言文字的运用能力。本节教学案例的活动探究作业就是这样安排的：先是基础类概要型的搜集整理资料，接着是数据类的调查问卷和经验类的家庭教育经验分享,最后是专家型的家庭教育思想论坛和思辨类的辩论。这些活动延展了"古代家庭教育"主题的综合性学习,使得学习向深度和广度前进。当然,第 4 项的问题调查最好放在第 3 项的"经验交流分享会"之前,教师可以引导学生在调查问卷分析的基础上,针对共性问题,请优秀家长和专家学者对此类问题献计献策,提出解决问题的思路或方案。

【教学探讨】

评价作为一种反馈—矫正系统,有助于判断教学过程和目标达成程序的有效性。综合性学习活动的学习评价和活动反思是课后延展活动的重要组成部分,它对活动的持续开展、学生成就感的获得以及今后综合性活动的改进,都有着重要的作用。

首先,综合性学习的评价要尊重和保护学生学习的自主性和积极性,鼓励学生运用多种方法,从不同角度进行探究。评价的目的不仅是为了考查学生实现课程目标的程度,更重要的是为了检验和改进学生的语文学习和教师的教学,从而有效地促进学生的发展。本节综合性学习的表现性评价可制作成如下格式:

表现性学习评价表

学习主题:_____

小组成员:_____

被评价者:班级____姓名_____日期_____

评价项目	评价指标	评价		
		自我评价	同伴评价	教师评价
信息处理	1. 能准确搜集填写所需资料 2. 能对资料进行分类整理与分析 3. 能与家长、同学分享资料			
听	1. 认真观看颁奖晚会 2. 耐心聆听同学意见 3. 听懂所说的主要意思			

续表

评价项目	评价指标	评价		
		自我评价	同伴评价	教师评价
说	1. 态度大方，吐字清晰，说话条理 2. 有感情地朗读颁奖词			
读	1. 准确理解有关阅读材料 2. 拓展阅读相关主题资料			
写	应用文写作传意达标			
做	清晰自己的角色，合作完成任务			
综合评语				

其次，综合性学习活动中的活动反思也是综合性学习教学设计的必不可少的组成部分。整个学习活动主要围绕三个维度展开反思：一是综合性学习活动是否充分发挥主动探究、主动学习的能力，活动的任务设计是否突出自主、合作、探究的学习方式；二是综合性学习活动要凸显学习活动的语文性，围绕语文的基本功——听说读写来安排阅读与表达、鉴赏与评价、梳理与探究；三是综合性学习与课标、教材相衔接相呼应。《义务教育科学课程标准（2022年版）》提出设立跨学科主题学习活动，加强学科间的相互关联，带动课程综合化实施，强化学科的实践性要求。强调综合性，就要加强课程内容、社会生活与学生经验间的联系，整合学科知识，统筹设计综合性课程和跨学科主题活动。强调实践性，是因为过去过度注重书本学习和纸笔考试，导致学生掌握了很多知识，却缺乏应有的能力。如今，加强实践性成了课程改革的重点，也成了义务教育阶段学生认知发展的阶段内容。

最后，综合性学习活动的表现性评价是为了学习能有更加充足的动力，为进一步学习明确方向，围绕听、说、读、写培养语言文字运用能力，培养面向社会真实生活的语文素养。同时也要紧跟时代发展趋势，积极运用智能时代的发展成果，促进语文学习真实发生，正如《普通高中语文课程标准（2017年版2020年修订）》中在"表现性评价"部分提出的要求："有条件的地方，可以运用信息技术，丰富学生的表现性评价，形成多样化的学生成长记录，全面而科学地衡量学生的发展。"①

小结　语文学习评价的"大道归一"

语文学习评价方式具有丰富多样性，但是所有的评价最终都需要指向学生核心素养发展这个大道和唯一。实际上，上述所谈三种学习评价方式内在地具有本质一致性，它们只是在具体操作方式和内容上有所侧重、有所不同，方法有异，视角有别，但是它们都有统一的指向——学生核心素养发展。

首先，新课标背景下素养本位的语文学习评价仍然面临许多挑战，需要不断革新和优化。受传统评价观的约束，语文教学在谋求促进语文核心素养生成与发展的过程中往往困难重重。继续革新的对教育价值的重建是语文学习评价推进的重要内容和难点。随着新课标的颁布，类似形成性评价、表现性评价、过程性评价、为了学生评价、学习中心的评价等新理念和新评价术语不断出现，老师们也耳熟能详，但教学现实中对学生学习状况及成果的评价仍深受"考试"这一指挥棒的左右，传统评价观念和评价模式还在发挥主导作用。在"分数至上"的教育价值影响下，教师、学生、学校都以"分数"为自己的"命根"，"知识的巨人，文化的侏儒"② 的教育现象依旧没有根本改观。因此，反思新课标理念的内涵及核心素养教育的价值追求不难发现，新课标落实落细需要实施素养本位的课程与教学评价系统变革，特别是以评价促学习是其中的关键节点。

其次，新课标背景下素养本位的语文学习评价需要不断明确其内涵特征

---

① 教育部. 普通高中语文课程标准（2017年版2020年修订）[Z]. 北京：人民教育出版社，2020：46.
② 魏善春. 教学生活新论——过程哲学的视角 [M]. 北京：中国社会科学出版社，2017：8.

和落实路径。一是植根情境，聚焦真实的生活情境，从生活中来到生活中去，这是实现核心素养发展的根本之路。如果学生在课堂中学习表现优异、考试成绩优秀、评价结果良好，但是一到生活中却无法开口就难说是真正形成了语言文字运用能力的核心素养，所以说语文学习评价是"在问题情境中借助问题解决的实践培育起来的"[1]。二是重视过程性，核心素养发展只能发生在学习过程中，以评促学也应注重过程，在过程性评价中展开教学评价、作业评价和表现性评价。三是立足学生，学生是核心素养的落脚点，是语文学习评价的逻辑起点，是整个评价活动的起点和归宿，是所有教育教学活动及其意义的承载主体。

最后，新课标背景下素养本位的语文学习评价还需要避免一些误区，才能不断总结经验、优化机制。如，克服百分制偏好，探索和构建多类型、多视角、多分制的评价体系；克服评价维度随意性，仅凭经验、喜好、主观设定评价维度不具有真正促进学生学习的价值，需要遵循教育学和心理学等科学设定评价维度；克服表现描述的笼统性，简单化、模式化、标签化是学习评价的误区和陷阱，不具有深刻描述学习的功能意义；克服评价规则封闭僵化，尤其是在语文学习过程中，极具个性化、浪漫化、灵动化的语言文字往往被扼杀在封闭化的评价规则中，亟须保护和鼓励语言文字运用的多样性、发展性和创造性；克服评价表现清单化，清单化有其优势，但是清单化也有明显不足，应视教学具体情况有针对性地使用清单化评价。

---

[1] 钟启泉. 基于核心素养的课程发展：挑战与课题 [J]. 全球教育展望，2016（1）：3—25.

结论　文言文教学突围

2012年我在《语数外学习》上发表了《文言文教学突围之路》的研究论文，从成语巧用、白话"逆译"和对联常拟三个维度阐述了文言文教学的实践策略；2014年完成硕士学位论文《"少教多学"在高中文言文教学中的实践研究》。时光如白驹过隙，倏忽而过，但我却对文言文教学的探索初心不改，本书提出的"重构中学文言文教学"的相关主张及具体做法，可以算作我从教20多年来对中学文言文教学的又一次经验总结和理论探索。

文言文教学一直都是中学语文教学的重要组成部分，师生投入精力不少，但教学效果并不理想。其原因是多方面的：教师对新课标理念研究不够透彻，尤其在文言文教学中落实新课标理念的研究较为滞后。过去的文言文教学对学生思维认知能力的提升重视不够，多停留在机械地积累语感、毫无生气百无聊赖地诵读，更不必提在文言文教学中培养人文思维、科学思维、批判性思维。教师对传统文言文教学规律等方面也缺乏系统整体的优化。因此，老师教得很辛苦，学生学得很艰难，但学习效果仍不尽如人意。经过20多年的教学摸索，我对此的经验总结和理论探索可以概括为两个关键词：

一是"少教多学"。转变教学理念和教学方式，把目光由关注"老师怎么教"转向"学生怎么学"，成为我突破文言文教学困境的第一大法宝。福建师范大学余文森教授在论文《先学后教，少教多学：构建中国自己的教育学》中指出：在先学后教中实现少教多学是"我国具有草根性质的教育创新，是我国土生土长的教育学"[①]。把课堂真正还给学生，让学生成为学习活动的主

---

① 余文森. 先学后教，少教多学：构建中国自己的教育学［J］. 基础教育课程，2009（3）：29—32.

体和主人，课堂成了基于学生学习、展示学生学习、交流学生学习、深化学生学习的真正学堂。在这样的课堂上，教师也找到了自己的位置：促进学生学习，即提示学、指导学、组织学、提高学、欣赏学，即真正意义上的启发式教学。教师将"促进学生学习"的主体力量转化为学生的独立学习能力，实现"教是为了不要教"的教育宗旨，真正落实"少教多学"。

二是"创教融学"，这是我在新课标导航下突破文言文教学困境的第一大法宝。当我们谈论"中学文言文教学重构"这一话题时，首先要明确"中学文言文"的范畴，"中学文言文"指的是统编义务教育语文教科书和高中语文教科书中的文言文，这些选文不仅蕴含了丰富的汉语语言知识，还凝聚了先进的文化思想、崇高的道德操守、丰厚的人生智慧。其次要明确"教学"的意思，既指向教育者怎样"教文言文"，也指向学习者怎么"学文言文"。最后要厘清"重构"的定义，笔者主要从语文学习的情境、任务、评价等方面重新探析中学文言文教学的优缺点、重新组合中学文言文教学的方式或内容，进而在融合文言文传统教学的优秀经验和做法的基础上，生成"新课标视域下的中学文言文教学"的新生态。在这种全新的文言文教学生态环境中，"教"不仅是"少而精"的"教"，更是"高质量""创造性"的"教"；"学"不仅是"多而广"的"学"，更是"融且活"的"学"。

本书从宏观上建构语文学习情境、语文学习任务、语文学习支架和语文学习评价，从中观上将情境类型、思维模式、可视化支架、延展性评价等方法进行可视化可操作的分类分析，从微观上精准诊断每个一线教学中自然鲜活的课例，可以说就是通过"少教多学"和"创教融学"两大法宝进行"文言文教学突围"的有益探索。

路漫漫其修远兮！语文教学，任重道远。让我们携起手来，为中华优秀传统文化的传承努力奋斗！为真正破解"少慢差费"的吕叔湘之问上下求索！